Suhrkamp BasisBiographie 43 **Alfred Hitchcock**

AF177302

Leben Werk Wirkung

Thilo Wydra, 1968 in Wiesbaden geboren, studierte Komparatistik, Germanistik, Kunstgeschichte und Filmwissenschaft in Mainz und Dijon (Burgund). Seit 1998 lebt und arbeitet er als freier Autor und Publizist (*Der Tagesspiegel*, *Filmecho/Filmwoche*, *BR-online/KinoKino* u. a.) überwiegend in München. Seit Ende 2004 ist er Deutschland-Korrespondent der Filmfestspiele von Cannes. Zu seinen Buchpublikationen zählen unter anderem *Volker Schlöndorff und seine Filme* (München, 1998), *Margarethe von Trotta – Filmen, um zu überleben* (Berlin, 2000), *Rosenstraße – Die Geschichte. Die Hintergründe. Die Regisseurin* (Berlin, 2003) sowie die Suhrkamp BasisBiographie *Romy Schneider* (Frankfurt, 2008).

Alfred Hitchcock

Suhrkamp BasisBiographie
von Thilo Wydra

In memoriam Dezember 1993

Suhrkamp BasisBiographie 43 Erste Auflage 2010 Originalausgabe
© Suhrkamp Verlag Berlin 2010
Alle Rechte vorbehalten, insbesondere das der Übersetzung, des öffent-
lichen Vortrags sowie der Übertragung durch Rundfunk und Fernsehen,
auch einzelner Teile. Kein Teil des Werkes darf in irgendeiner Form (durch
Fotografie, Mikrofilm oder andere Verfahren) ohne schriftliche Genehmi-
gung des Verlages reproduziert oder unter Verwendung elektronischer Sys-
teme verarbeitet, vervielfältigt oder verbreitet werden.
Druck: Kösel, Krugzell · Printed in Germany
Umschlag: Hermann Michels und Regina Göllner
ISBN 978-3-518-18243-7
Die Schreibweise entspricht den Regeln der neuen Rechtschreibung, Zitate
wurden in ihrer ursprünglichen Schreibweise belassen.

Die Übersetzung fremdsprachiger Quellen erfolgte durch den Autor.

1 2 3 4 5 6 − 15 14 13 12 11 10

Inhalt

»Ich bin ungeheuer furchtsam«
Hitch, der Obsessive – Hitch, der Ängstliche

Angst. Angst in all ihren Formen und Varianten. Sie zieht sich durch sein gesamtes Leben und Arbeiten. Angst, neben der Liebe einer der wesentlichen grundlegenden Lebensantriebe der Menschen, ist eines seiner zentralen Leitmotive. »Ich war immer allein«, sagte er einmal über seine Kindheit. Und da er seit ebendieser Kindheit in einem Londoner Vorort Angst hatte, mag es nicht verwundern, dass er später ein Weltpublikum erschauern ließ, es mit einem in die Filmgeschichte eingegangenen Duschmord schockte, bei dem man trotz des Schwarz-Weiß-Materials das Rot des Blutes in der Wanne zu sehen glaubt, obgleich es doch nur Schokoladensoße ist, oder Schwärme von aggressiven Vögeln auf die vermeintlich unschuldige Menschheit losließ.

Das Leben von Alfred Hitchcock, dem wahrscheinlich bedeutendsten Filmregisseur des 20. Jahrhunderts, es war ein Leben in und mit Ängsten, durchzogen von Neurosen und Obsessionen. Genial war er, daran besteht kein Zweifel. Scheu und schüchtern, ängstlich und unsicher sei er gewesen, sagen die einen, liebenswürdig und sympathisch, umgänglich und beredt, belesen und gebildet, höflich und stets humorig: ein britischer Gentleman. Ein Monstrum sei er gewesen, sagen die anderen, das eine geradezu diebisch-diabolische Freude daran gehabt haben soll, andere zu quälen oder wenigstens mit makabren, kompromittierenden Späßen zu verschrecken, einer, der keinerlei Empathie habe aufbringen können für seine Mitmenschen, der keine wirklichen Freunde hatte und nur mit seiner Frau Alma Reville eine wirkliche Vertrauensperson. Selbst das Verhältnis zur einzigen Tochter Patricia Hitchcock soll ein zwiespältiges gewesen sein. Eine umfassende, facettenreiche, komplexe Persönlichkeit also, die zu fassen und wahrhaftig zu erkennen

Alfred Hitchcock stapelt seine Filme, 1967

nicht leicht ist ob all seiner persönlichen Ambivalenz und Ambiguität und all der filmischen Abgründe und Albträume. Darauf selbstironisch-süffisant anspielend, meinte er einmal: »Die Leute glauben, ich sei ein Monster – wirklich, das haben sie mir gesagt.«

Bei einem seiner Fernsehauftritte in der US-Talkshow *The Dick Cavett Show* im Juni 1972 korrigiert der Meister den Moderator Cavett, der ihn ausführlich zu seinem Lebenswerk interviewt, als dieser ihn auf seinen berühmt-berüchtigten Ausspruch »Actors are cattle« (»Schauspieler sind Vieh«) anspricht. Daraufhin der von aller Welt nur »Hitch« Gerufene, stoisch in seinem Sessel sitzend: »Nun, ich glaube zu jener Zeit warf man mir vor, Schauspieler als Vieh zu bezeichnen, und ich erwiderte, dass ich niemals so etwas Gefühlloses, Grobes über Schauspieler überhaupt je sagen würde. Was ich wahrscheinlich gesagt habe, war, dass man Schauspieler wie Vieh behandeln *müsste*. (Pause) Auf eine nette Art, natürlich ...«

Dabei schmunzelt er, kaum sichtbar, verstohlen und zufrieden in sich hinein. Nichts scheint ihn dabei zu irritieren, ganz im Gegenteil. Obgleich er gerade vor laufender Kamera einen ganzen Berufsstand offenkundig abermals kompromittiert und einer gewissen Lächerlichkeit preisgegeben hat. Und das amüsierte Publikum lacht und applaudiert. Auch das ist Hitchcock.

53 Kinofilme in rund 50 Jahren hat Alfred Hitchcock geschaffen. Das ist mit das umfangreichste kinematographische Lebenswerk überhaupt und hat Generationen von Regisseuren und anderen Künstlern nachhaltig geprägt. Einige seiner Filme, allein nur die Titel schon, dürften, ganz gleich wo in der Welt, einem jeden bekannt und geläufig sein, sie sind längst kulturhistorisches Allgemeingut, sind Teil des kollektiven Gedächtnisses – etwa *Psycho* oder *The Birds*. Seine Filme, sagte Hitchcock einmal, die habe er vor dem Drehen immer schon fertig im Kopf gehabt. Das Drehen, das sei eine Notwendigkeit, die er sich gern ersparen würde. Es sind Angst-Filme. Albtraumhafte kinematographische Tagträume. »Mentale Bilder« nannte der französische Philosoph Gilles Deleuze einmal treffend die Filme Alfred Hitchcocks.

Hitchcock, das ist irgendwann auch zum stets wiedererkenn-
baren Markenzeichen geworden, sowohl die Person als auch
sein Schaffen. Person und Werk waren irgendwann nicht mehr
voneinander zu trennen – seine Filme waren sein Leben.
Nicht zuletzt die beiden Fernsehreihen *Alfred Hitchcock Presents* und *The Alfred Hitchcock Hour* in den späten 50er und
frühen 60er Jahren, deren halb- oder einstündige Krimis er
stets selbst mit äußerst skurrilen und grotesken Prologen und
Epilogen eröffnete und beendete, sowie seine zum Kult avan-
cierten Cameo-Auftritte in seinen Filmen trugen zu dieser
enormen Popularität und Identifikation bei. Auf jene Auf-
tritte wartete das Publikum regelrecht, sodass er sie an den
Anfang der Filme legen musste, da die Zuschauer sich bald
mehr auf sein Erscheinen als auf den Handlungsverlauf kon-
zentrierten. Ein in der Filmgeschichte singuläres Phänomen:
Kein anderer Regisseur war und ist dem Publikum allein in
seiner physiognomischen Erscheinung derart vertraut wie
Hitchcock. Jeder meint etwas über Alfred Hitchcock zu wissen, über diesen tiefgründigen, sensiblen Mann, der privat zu
Hause wie auch am Set stets im schwarzen Anzug mit weißem
Hemd und schwarzer Krawatte korrekt gekleidet war, ein
gleichsam viktorianisch-steifer Habitus, der ihm, einem Kor-
sett gleich, Halt gab, einen Halt, den er trotz seiner stattlichen
Statur, trotz seines hohen Renommees, trotz seiner immensen
Erfolge innerlich nie hatte. Alfred Hitchcock, der Erfinder
des »Suspense« und des »MacGuffin«, war ein zutiefst ein-
samer Mensch, ein Fremder überall: einer, der niemandem zu
glauben und schon gar nicht zu trauen schien, der sich ver-
schanzte hinter seinem intelligenten Humor und seinen makabren Sottisen. Einer, der nach außen den stoisch-gelassenen
Buddha gab, es aber innerlich gar nicht war. Einer, der sein
Leben lang Angst hatte. Angst vor der Welt und ihren Menschen. Angst vor der Polizei und ihren Gefängnissen. Angst
nicht zuletzt wohl auch vor sich selbst.
»Angst ist ein Gefühl, das Leute mögen, wenn sie wissen, dass
sie selbst nichts zu fürchten haben«, sagte Hitch einmal. Genau hierauf bauen denn auch seine Filme mit ihrer subtilen
und vollkommenen Manipulation des Zuschauers auf.

»Man erzählt mir, daß jede Minute ein Mord begangen wird, deshalb, meine Damen und Herren, möchte ich Ihre Zeit nicht vergeuden. Ich weiß, Sie wollen sich an die Arbeit machen.« (Alfred Hitchcock)

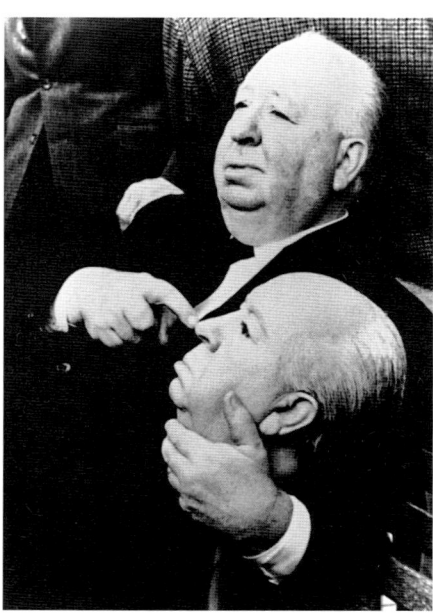

Alfred Hitchcock, seinen eigenen Wachskopf haltend, London 1971

Leben

Eine Kindheit und Jugend in London: East End, Cockney und katholisch (1899-1919)

Es sind nur noch wenige Monate bis zur Jahrhundertwende, als der Londoner Obst- und Gemüsehändler William Hitchcock und seine Frau Emma einen Sohn bekommen: Alfred Joseph Hitchcock wird am 13. August 1899 im östlich von London gelegenen Dorf Leytonstone geboren, in der Wohnung über dem Laden in der High Road Nr. 517, als letztes von drei Geschwistern. Es ist ein Sonntag, der einzige Sonntag, an dem seine Mutter nicht in die Kirche ging – wie Alfred Hitchcock später einmal sagt. Nur einen Tag darauf, am 14. August, wird im mittelenglischen Nottingham eine gewisse Alma Lucy Reville geboren – Hitchcocks spätere langjährige Mitarbeiterin und Ehefrau.

> »There was no dark side.« (Patricia Hitchcock über ihren Vater; Gespräch mit dem Autor, Februar 1997)

William Hitchcock und Emma Jane Whelan haben 1886 geheiratet, die Hochzeit des jungen Paares – beide stammen aus der Grafschaft Essex – wird katholisch ausgerichtet. Alfred Hitchcocks Urgroßvater Charles lebte als einfacher Fischer in Stratford, West Ham, dessen Sohn Joseph heiratet 1851 die arbeitslose Hausgehilfin Ann Mahoney, Tochter eines aus Irland eingewanderten Tagelöhners. Die Heirat zwischen Joseph Hitchcock und der Katholikin Ann Mahoney findet jedoch nicht in einer katholischen, sondern in einer anglikanischen Kirche statt – aus gesellschaftlichen Gründen. Bis einschließlich dieser Ehe gehörten die Hitchcocks demnach der anglikanischen Kirche an, und nicht, wie Alfred Hitchcock es gern erzählte, von jeher der katholischen, was schließlich »in England schon etwas Exzentrisches ist« (Alle Zitate dieses Kapitels, sofern nicht anders vermerkt: Truffaut 1999, S. 17 f.). Neun Söhne und Töchter zeugen Joseph Hitchcock, der Gemüsehändler, und seine Ann, darunter auch Alfred Hitchcocks Vater William, der am 4. September 1862 in Stratford zur Welt kommt. Und William ist es auch, der nach 1880 Joseph Hitchcocks Obst- und Gemüsehandel in Forest Gate, Distrikt West Ham, weiterbetrieben. Ebendort, wo Emma Jane Whelan als Tochter irisch-katholischer Einwanderer groß wird.

Alfreds Eltern beziehen zunächst eine Wohnung in Stratford, wo William Hitchcock einen eigenen Laden eröffnet und sie alsbald eine Familie gründen. Diese Hitchcocks nun sind sehr katholisch und gehören damit in England einer Minorität an. Sie sind stolz auf ihren Katholizismus und leben ihn bewusst. Noch Jahre später geht es sonntags zur Messe nach Stratford, in Mutters Gemeinde St. Francis. Ein Leben lang wird Alfred Hitchcock von alldem geprägt sein.

Leytonstone Seit dem Jahr 1896 wohnen Hitchcocks in Leytonstone, in jenem bescheidenen Backsteinhaus in der High Road. Der Vater ist zumeist abwesend. Die Mutter ist stets anwesend. Der Vater ist streng, ist einer, der jegliche Emotionalität unterdrückt. Er ist von morgens früh bis abends spät im Laden, auf dem Markt oder in den sich hinter dem Haus anschließenden Gewächshäusern. Ohnehin ist die Atmosphäre im Hause Hitchcock von Arbeit bestimmt. Die Mutter, ordnungs- und pflichtbewusst, ist stets da, kümmert sich. So nimmt es nicht wunder, dass der junge Alfred schon früh auf seine Mutter fixiert ist. Mutter Emma, sie scheint omnipräsent.

Vater William und Sohn Alfred in Leytonstone, London 1906

Alfred ist ein introvertierter Junge, selbst mit seinen beiden älteren Geschwistern, dem 1890 geborenen William und der 1892 geborenen Ellen Kathleen, Nellie gerufen, ist er nicht viel zusammen. Alfred ist ein Einzelgänger, einer, dem früh schon das Gefühl des Alleinseins, des Sich-unverstanden-Fühlens, des Fremdseins vertraut wird. »Ich war alles andere als mitteilsam. Ich war immer allein.« Ein Gefühl, das ihn ein Leben lang begleiten wird. Er ist ein stilles, ein zurückgenommenes Kind, ein kluges zumal, das lieber seine Mitwelt passiv beobachtet, als sich mit dieser aktiv zu beschäftigen. »Sein Lämmlein ohne Flecken« wird er von seinem Vater genannt. Von frühen Jahren an scheint er ein misstrauischer Mensch zu sein. Selbst als erwachsener Mann wird er einzig seiner Frau Alma Reville Vertrauen schenken.

Um Vertrauen respektive Misstrauen geht es auch in jener Geschichte, die sich laut Alfred Hitchcock zugetragen haben soll, als er sechs Jahre alt war: Alfred fährt zu dieser Zeit liebend gern mit den neuen öffentlichen Autobussen durch London. Auch studiert er mit Vorliebe die Fahrpläne von Autobussen, Pferde-Bahnen und den ab 1906 eingesetzten neuen elektrischen Straßenbahnen sowie Stadtteilkarten und Schifffahrtspläne. Bei einer jener Erkundungsfahrten durch das London des Jahres 1905, es ist schon Abend, stellt er fest, dass er für die Rückfahrt kein Geld mehr hat. Er läuft also zurück nach Hause, wo er erst nach neun Uhr ankommt und ihm sein Vater, der »ein leicht erregbarer Mann war«, die Tür öffnet. Kein Vorwurf, kein Tadel, nichts. Doch trägt William Hitchcock seinem jüngsten Sohn auf, mit einem Zettel, den er ihm gibt, umgehend zur nahe gelegenen Polizeiwache zu gehen, um dort einem gewissen Watson den Zettel auszuhändigen. Der Polizist liest den Zettel, nimmt den Jungen daraufhin kurzerhand zu den Gefängniszellen mit, um ihn für etwa fünf Minuten dort einzusperren. Dabei sagt er zu dem jungen Alfred: »This is what we do to naughty boys.«

»This is what we do to naughty boys.«

> »Er hat immerzu diese Gefängnisgeschichte erzählt: Zu Beginn war es eine Nacht, dann waren es drei Stunden (lachend). Er hat es sehr verändert, um zu zeigen, dass es ein Spiel ist.« (Claude Chabrol über Hitchcocks Lieblingsanekdote; Gespräch mit dem Autor, Februar 2009)

Die Gefängnis-Anekdote an sich ist schon Legende. Und Alfred Hitchcock erzählt sie sein Leben lang, mit einer insistierenden Besessenheit, allen und jedem, immer wieder und leicht variiert – etwa, was die Länge seines Aufenthaltes in jener Gefängniszelle anbelangt – und stets begleitet von einem sein Gegenüber genau prüfenden Schmunzeln. Er trägt damit zur Legendenbildung bei. Selbst bei seinem vorletzten öffentlichen Auftritt, der Verleihung des »Life Achievement Award« des American Film Institute am 7. März 1979 in Beverly Hills, gibt er, unter schwersten körperlichen Anstrengungen, mit Medikamenten vollgepumpt, die Gefängnis-Anekdote zum Besten. Ob es sich jemals wirklich derart ereignet hat, das weiß wohl nur er allein. Doch irgendetwas daran muss wahr sein, hat Hitchcock doch zeitlebens eine geradezu obsessive Angst vor der Polizei und kommen sowohl Polizisten, die er dabei gern der Lächerlichkeit preisgibt, als auch Gefängniszellen in seinen Filmen als Motiv wiederholt vor.

1907 zieht die Familie Hitchcock von Leytonstone nach Poplar bei London; nur drei Jahre später erfolgt ein weiterer Umzug, dieses Mal in den Londoner Stadtteil Stepney. Der jüngste Sohn wechselt mehrfach die Schulen, bleibt überall nur kurz, von einer von den »Faithful Companions of Jesus« geleiteten Klosterschule geht es auf eine Volksschule, schließlich auf das Salesianer-College in Battersea, ein Internat. Als Alfred elf Jahre alt ist, wird er auf das von Jesuiten geführte St. Ignatius College in Stamford Hill bei London geschickt, wo er ab Herbst 1910 für drei Jahre die Schule besucht. Die frühe Prägung durch die katholischen Eltern, aber auch durch das streng jesuitisch ausgerichtete College wird Alfred Hitchcock ein Leben lang begleiten.

> »Ich glaube, meine Mutter erschreckte mich, als ich drei Monate alt war. Wissen Sie, sie sagte BUH zu mir! Ich bekam Schluckauf. Und dem Anschein nach war sie sehr zufrieden. Alle Mütter tun dies, wissen Sie. So beginnt Angst in jedem von uns.« (Hitchcock über die Entstehung von Angst; *The Dick Cavett Show*; 8. Juni 1972)

Neben der existentiellen Angst ist es auch jene Neigung, anderen Mitmenschen kompromittierende Streiche zu spielen, die sich zu dieser Zeit entwickelt und die, ebenso wie die Angst, ein Leben lang anhalten soll.

Am 25. Juli 1913 absolviert Alfred seinen Schulabschluss, und nachdem er von seinen Eltern gefragt wird, was er denn einmal werden wolle, und »es sich zur Ehre anrechnet, dass ich nie gesagt habe: Polizist. Ich habe gesagt: Ingenieur«, besucht er zunächst die »School of Engineering and Navigation«, wo er technische Fachkenntnisse erwirbt, die ihm später einmal zugutekommen: als inszenierendem Perfektionisten, der nie durch den Sucher der Kamera sieht und trotzdem stets auf das Genaueste weiß, wie der Bildkader aussieht, welche Brennweite eingestellt und welche Optik gerade verwendet wird – auch wenn er Meter davon entfernt in seinem Regiestuhl sitzt, die Hände stets über dem Bauch gefaltet.

Am 12. Dezember 1914 stirbt William Hitchcock an einer Nierenentzündung. Sein jüngster Sohn Alfred ist erst 15 Jahre alt, als er seinen Vater verliert. Eine Lücke, die nicht mehr geschlossen wird. Vaterfiguren sind im Werk Alfred Hitchcocks denn auch meist abwesend oder stehen im Hintergrund. Es sind keine ausgeprägten Personen, keine starken präsenten Charaktere, wie das in diversen seiner Filme die Mutterfiguren sind.

Ab Frühjahr 1915 arbeitet Hitchcock bei der Henley Telegraph and Cable Company als Büroangestellter, muss er sich doch nun selbst versorgen. Parallel zu diesem Broterwerb beginnt er, Abendkurse an der Universität von London zu belegen, in Kunstgeschichte. Und Zeichenkurse. Ein Lebensabschnitt, in dem sich auch sein Interesse an dem jungen Medium Film zu entwickeln beginnt. Er liest Filmzeitschriften, seriöse britische Fachblätter, das *Bioscope* etwa oder die amerikanische Publikation *Motion Picture Daily.* Später wird er von einem wohlgesinnten Vorgesetzten in die Werbeabteilung versetzt, wo er sein zeichnerisches Talent in Form von Illustrationen für Reklameanzeigen einbringen kann. Nebenbei zeichnet er Karikaturen. Zu dieser Zeit geht er oft ins Theater und auch ins Kino. Und er besucht die Gerichtsverhandlungen im Old Bailey, mit Vorliebe, wenn es darum geht, bei Verhandlungen von Mordfällen zuzuschauen. Der Gerichtssaal als Kulisse, der Fall als inszeniertes Drama – in verschiedenen Hitchcock-Filmen spielen ganze Handlungsabschnitte in Gerichtssälen (etwa in *The Paradine Case, Stage Fright, Frenzy*). Ebenso besucht er das Polizeimuseum von Scotland Yard, wo all die Instrumente ausgestellt sind, mit denen Menschen andere Menschen umbrachten. Er entdeckt die Literatur für sich, und jene des Edgar Allan Poe, den er mit sechzehn zu lesen beginnt, soll zu den maßgeblichen Einflüssen auf seine späteren filmischen Arbeiten werden. So liest Hitchcock etwa Poes *Tales of the Grotesque and the Arabesque* oftmals, wenn er abends von Henley nach Hause kommt und sich sogleich in sein Zimmer zurück-

Leben

Tod von Vater
William Hitchcock

Edgar Allan Poe

zieht. Insbesondere *The Murders in the Rue Morgue* habe in ihm ein Gefühl der Angst hervorgerufen. »Es mag gut sein, daß ich später meine ›Suspense‹-Filme gedreht habe, weil mich damals die Poe-Geschichten so gefangen genommen haben.« (Spoto 1986, S. 56) Ihn interessieren die Detektivromane des katholischen Autors G. K. Chesterton, darunter jene, die vom stets auf eigene Faust ermittelnden ehrwürdigen Pater Brown handeln, ebenso wie die Literatur des Schriftstellers John Buchan, dessen *The Thirty-nine Steps* er 1935 verfilmen wird. Auch entdeckt er zu dieser Zeit Gustave Flaubert, dessen *Madame Bovary* er als eine seiner literarischen Lieblingsfiguren favorisiert. Im Kino sind es die amerikanischen Filme, die den jungen Hitchcock am meisten interessieren: die Regiearbeiten von Charles Chaplin oder David Wark Griffith, Filme mit Buster Keaton, Douglas Fairbanks oder Mary Pickford. Und, nicht zuletzt, deutsche Filme.

Gegen Jahresende 1918 ist Hitchcock, der sich selbst als »besonders unattraktiven jungen Mann‹ empfindet, »genauso fett wie ehrgeizig«, und diesen Ehrgeiz wird er alsbald schon unter Beweis stellen können, als er sich in den Londoner Büros der amerikanischen Filmgesellschaft Famous Players-Lasky in Islington mit einer Mustermappe seiner Skizzen und Zeichnungen vorstellt. Seine Korpulenz wiederum bewahrt ihn 1917 vor der Einberufung zum Wehrdienst. Im Juni 1919 wird Hitchcocks Kurzgeschichte *Gas* in der Betriebszeitschrift der Henley Company veröffentlicht. So kurz diese Geschichte auch sein mag, sie antizipiert durchaus bereits wesentliche Motive des späteren hitchcockschen Œuvre. Es ist dies eine Geschichte über eine Frau, die unschuldig Schuld trägt und von einer kafkaesken Instanz durch das Pariser Montmartre-Viertel gehetzt wird, ohne zu wissen, warum.

Ein Albtraum. Oder wie Hitchcock selbst seine zukünftigen Arbeiten gern nennt: ein Tagtraum. Unterzeichnet ist die Kurzgeschichte schlicht mit »Hitch«. Damals schon nennt er sich so, nachdem er als Junge oftmals »Cocky« genannt wurde, was er immer strikt ablehnte. In späteren Jahren pflegt er neuen Mitarbeitern, Schauspielern zumal, zu entgegnen, wenn diese sich unsicher sind, wie sie den Meister am Set denn

Hitchcocks Kurzgeschichte Gas

Leben

>>Das also war der Montmartre? Jenes Scheusal, wo im Schutze der Nacht Gefahren lauerten, wo unschuldige Seelen unversehens zugrunde gingen und wo dem Unvorsichtigen Unheil drohte [...]. Vorsichtig arbeitete sie sich im Schatten der hohen Mauer voran und schaute sich verstohlen um, ob ihren Schritten nicht irgendeine verborgene Gefahr nachfolgte [...]. Da hörte sie ein trunkenes Lachen und schauderte [...]. Sie schrie vor Angst und Schrecken [...]. Jetzt fesselten sie sie und schleppten sie den dunklen Gang hinunter [...]. Und dann – dann schwenkten sie ihren verschnürten Körper hin und her und warfen sie mit einem Platsch in die dunklen, wirbelnden Fluten. Sie sank, sank, sank – nur ein erstickendes Gefühl: Das war der Tod ... Dann ... [...] >Es ist vorbei, Madame<, sagte der Zahnarzt. >Eine halbe Krone, bitte.<<< (Aus Hitchcocks Erzählung *Gas* von 1919; Taylor 1982, S. 32)

überhaupt anzureden haben: »Just call me Hitch – leave the cock away!« Eine seiner vielen subtil-ambivalenten Sottisen, die, angesichts seiner nahezu lebenslangen sexuellen Enthaltsamkeit durchaus eine Wahrheit impliziert.

Stummfilme und eine Frau: Erste Regie und Begegnung mit Alma Reville (1920-1928)

Nachdem sich Alfred Hitchcock im Frühjahr 1920 mit seiner Mustermappe bei der Famous Players-Lasky, der Muttergesellschaft, der auch die Paramount Pictures gehört, vorgestellt hat, wird er vom Fleck weg engagiert. Zunächst arbeitet er an den Zeichnungen für die Stummfilm-Zwischentitel noch parallel zu seinem Broterwerb. Doch bald schon bietet ihm Famous Players eine Vollbeschäftigung an: Alfred Hitchcock ist beim Film angekommen, im Alter von 20 Jahren. Das Kino selbst, die Kinematographie, ist zu diesem Zeitpunkt kaum älter als er.

Als Person fällt Hitchcock nicht weiter auf, zurückhaltend, wie er ist. Was auffällt, sind seine Phantasie, sein Ideenreichtum. Ab und an hilft er auch außerhalb seines Bereiches mit, ist daran interessiert, mehr mitzubekommen. Er ist, wenn man so will, für die ersten zwei Jahre zunächst eine Art Mädchen für alles – zeichnet Zwischentitel, entwirft Bauten und

Dekorationen, arbeitet in der Requisite, schreibt Drehbücher, wählt beim Casting mit aus. Ist, später schließlich, auch Regieassistent. Es ist das filmische Einmaleins, das er autodidaktisch von der Pike an am Set erlernt. Ein Allroundtalent.

Im Jahr 1921 nimmt Alfred Hitchcock in Islington eine gewisse Alma Reville wahr – und sie ihn. Sie arbeitet als Scriptgirl und als Cutterin bei Famous Players-Lasky. Sie gilt in den 20er Jahren als eine der wenigen weiblichen Cutter überhaupt, die im Abspann namentlich aufgeführt werden. Klein ist sie, diese Alma Reville, misst lediglich 1,50 Meter, ist sehr schlank, mit rotem Haarschopf, großer Brille und viel Intelligenz und lebensbejahender Energie. Doch die Begegnung ist flüchtig, zunächst, erst 1924, anlässlich der Vorbereitungen und Dreharbeiten zu *Woman to Woman*, lernen sie sich ein wenig näher kennen.

Hitchcock erlernt bei zwei Produktionen des amerikanischen Regisseurs George Fitzmaurice weitere Grundlagen der Filmarbeit. Fitzmaurice ist es auch, der Hitchcock durch seine eigene Arbeitsweise am Set anschaulich vorführt, was es bedeutet, die absolute Kontrolle zu behalten und, bei eigener stets perfekter Vorbereitung, dem Team immer mit etwas Distanz und Ruhe zu begegnen. Dies wird später einmal Hitchcocks ureigene Haltung ausmachen. Im Frühjahr 1923 wird Hitchcock seine erste eigenständige Regie übertragen – nachdem er bei *Always Tell Your Wife* zusammen mit dem Londoner Schauspieler Seymour Hicks Koregie führte –, bei einem Filmprojekt, das alternierend mal *Mr. Peabody*, mal *Number Thirteen* betitelt ist, von dem lediglich zwei Rollen gedreht werden und das schließlich unvollendet bleibt. Unvollendet, da der britische Arm der Famous Players-Lasky just zu dieser Zeit nach elf Produktionen Pleite macht. Doch das Londoner Studio in Islington bleibt bestehen, da die englischen Produzenten Michael Balcon, Victor Saville und John Freedman es übernehmen. Hitchcock arbeitet im Sommer 1923 unter den neuen Studioleitern weiter, nun als Regieassistent des seinerzeit erfolgreichsten britischen Regisseurs, Graham Cutts, bei dessen *Woman to Woman* er auch als Koautor am Drehbuch mitarbeitet. Und – Alma Reville ist als Cutterin dabei. Hitch-

Erste Begegnung
mit Alma Reville

Produzent
Michael Balcon

cock hatte sie zu Beginn des Projektes angerufen, ob sie den Schnitt übernehmen wolle. Ein Schritt, den er erst jetzt unternehmen kann, wo er als Regieassistent eine höhere Position erlangt hat.

1924 gründet Michael Balcon (1896-1977) die Gainsborough Pictures, womit das Fortbestehen des Studios gesichert scheint. *Woman to Woman* wird ein großer Erfolg. Hitchcock, von dem Balcon durchaus beeindruckt ist, übernimmt bei diversen Filmen verschiedene Funktionen, vom Architekten über den Regieassistenten bis zum Cutter. *The Blackguard* (*Die Prinzessin und der Geiger*, 1925) wird unter der Regie von Graham Cutts in den Berliner Ufa-Studios in Babelsberg gedreht,

Hitchcock-Kopf, Gainsborough-Studios, London

seinerzeit die größten in Europa. Gerade hat Fritz Lang hier *Siegfried*, den ersten der beiden Teile zu seinem monumentalen Epos *Die Nibelungen* (1922-1924), abgedreht. Bei Hitchcock liegen nun Drehbuch und Bauten zu *The Blackguard*. Während der Dreharbeiten in Babelsberg sieht er im Berlin der 20er Jahre die Filme der Regisseure des deutschen Expressionismus – Fritz Lang, Ernst Lubitsch, Friedrich Wilhelm Murnau. Regisseure, die mit ihrer Visualität, ihrem Stil den jungen Hitchcock nachhaltig prägen. Murnau dreht im Atelier nebenan gerade *Der letzte Mann* (1924) – und Hitch schaut, wann immer er kann, zu.

Nach Abschluss der Dreharbeiten zu *The Blackguard* entschließt sich Alfred Hitchcock, Alma Reville einen Heiratsantrag zu machen. Er wählt hierfür die Rückreise aus Deutschland nach England, die sie per Schiff antreten. Die See ist in dieser Nacht rau und bewegt, Alma geht es gar nicht gut, sie leidet unter Seekrankheit. Zudem ahnt sie von nichts. Ein geeigneter Moment, in Anbetracht ihrer mangelnden Widerstandskraft, zumal einer der seltenen, in denen die beiden allein sind. So erzählt es Hitchcock gern selbst. Sie habe denn auch geschwächt und wehrlos eingewilligt, habe ihm nichts zu entgegnen gehabt, lediglich ein Rülpser sei ihr entfahren – der Übelkeit sei Dank.

1925 markiert jenes Jahr, in dem Alfred Hitchcock sein eigentliches Debüt als eigenständiger Regisseur gibt. »Ich bekam einen Koautor für das Drehbuch und fuhr nach München. Meine zukünftige Frau Alma wurde meine Assistentin. Wir waren noch nicht verheiratet, aber wir lebten auch nicht in Sünde. Wir waren noch sehr rein.« (Truffaut 1999, S. 21) Eine nahezu paradigmatische Äußerung. Alma Reville ist die erste und – wenngleich dies nicht zu belegen ist – bleibt womöglich die einzige Frau in seinem 80-jährigen Leben.

Alfred Hitchcock und Alma Reville am Set von The Mountain Eagle, München 1926

Michael Balcon fragt den jungen Hitch, ob er sich vorstellen könne, die Regie bei der nächsten Gainsborough-Produktion zu übernehmen, einer Produktion, die wieder in Deutschland entstehen soll, in Berlin-Babelsberg, in München sowie in Südeuropa, in Genua und am Comer See. Graham Cutts ist zwar dagegen, entließ er Hitchcock doch nach *The Black-guard*, da ihm sein Adlatus längst zu selbständig geworden ist und bei seinem Talent ein potenzieller Konkurrent werden könnte. Doch Balcon übergeht diesen Zwist. In den Münchner Emelka-Studios in Geiselgasteig – Sitz der heutigen Bavaria-Studios – dreht Hitchcock ab Juni seine ersten beiden Regiearbeiten, *The Pleasure Garden* (*Irrgarten der Leidenschaft*) und *The Mountain Eagle* (*Der Bergadler*). Letzterer gilt heute als verschollen.

Regiedebüt The Pleasure Garden

Der seiner Zeit in Stil und Formensprache verpflichtete, theatralisch-melodramatische *The Pleasure Garden* wird von der Presse positiv aufgenommen, was vor allem auf Hitchcocks Handhabung der Technik zurückzuführen ist. So befindet etwa die Filmzeitschrift *Bioscope*, dass »bewundernswerte Darstellungskunst und eine meisterhafte Produktionsleistung sich zu einem außergewöhnlichen Film verbinden. Diese erste Produktion Alfred Hitchcocks verspricht viel für die Zukunft« (Spoto 1986, S. 107). Produzent Balcon sieht in der technischen Ausführung weniger einen europäischen als vielmehr einen amerikanischen Film. Das ist zu jener Zeit ein Kompliment. Und Hitchcock, der durch seine Arbeit in Berlin und München inzwischen auch ein durchaus passables Deutsch spricht, muss Deutschland erst gar nicht verlassen, da Michael Balcon ihn umgehend mit einem Folgeprojekt beauftragt: *The Mountain Eagle*. »Ein schlechter Film«, urteilt Hitchcock selbst kurz und unmissverständlich über seine zweite Arbeit (Truffaut 1999, S. 28).

»Der erste echte Hitchcock-Film«, wie er es selbst einmal formuliert, entsteht im Frühsommer 1926, wieder in den vertrauten Londoner Islington-Studios. Und letztendlich gilt *The Lodger: A Story of the London Fog* (*Der Mieter*) auch gemeinhin als der erste veritable Hitchcock-Film, in welchem er stilistisch-formal wie inhaltlich-strukturell wesentliche Motive seines Werkes vorwegnimmt. Berühmt jene Szene, in der die Schritte des neuen mysteriösen Mieters oben zu hören und, von unten durch eine Glasplatte gedreht, zu sehen sind. Ein typisch hitchcockscher Kunstgriff von innovativem Charakter. Er erklärt nicht, er zeigt. *The Lodger* mit seinem charismatischen Hauptdarsteller Ivor Novello als Jack-the-Ripper-Variation kann als der eigentliche Grundstein von Hitchcocks Œuvre betrachtet werden.

Am 2. Dezember 1926 heiraten Alma Reville und Alfred Hitchcock in der Brompton Church in Knightsbridge, London. Zuvor konvertiert Alma zum römisch-katholischen Glauben. Es heißt, dass Hitchs Mutter Emma hierauf sehr bedacht war. Auch wird sie das Paar fortan öfter begleiten, und manchen Augenzeugen mutet es so an, als kümmere Hitchcock sich

Heirat

Hochzeit
Alfreds und
Almas, London,
2. Dezember
1926

mehr um seine Mutter denn um seine frisch angetraute Gemahlin. Trauzeugen sind Hitchcocks Bruder William und Almas Schwester Eva. Direkt im Anschluss an die Trauung beziehen Alfred und Alma Hitchcock eine Wohnung in der Cromwell Road 153 im Westen Londons. Die Hochzeitsreise führt das junge Brautpaar schließlich über Paris in die Schweiz, nach St. Moritz.

Die ersten Monate des Jahres 1927 sind von gleich drei Premieren bestimmt, die Hitchcocks Ruf als außergewöhnliches Regietalent noch festigen sollen: Am 24. Januar hat zunächst *The Pleasure Garden* Premiere, am 14. Februar sodann der gefeierte *The Lodger*, für den die Menschen Schlange vor den Londoner Kinos stehen, erstmals wegen eines Regisseurs, nicht wegen eines Stars, sowie am 23. Mai schließlich *The Mountain Eagle*. Im Verlauf des Jahres wird Hitchcock vier weitere Produktionen hintereinander abdrehen: *Downhill* und *Easy Virtue* für Michael Balcons Gainsborough Pictures und *The Ring* (*Der Weltmeister*) sowie *The Farmer's Wife* für die von dem Glasgower Rechtsanwalt John Maxwell gegründeten British International Pictures (BIP). Diese bieten ihm ein Mehrfaches jenes Gehaltes an, das er bei Balcon bekam, denn Hitchcock ist nach seinen ersten Erfolgen innerhalb der britischen Filmindustrie ein gefragter Regisseur. Im Laufe der kommenden drei Jahre schließlich soll er zum bestbezahlten englischen Regisseur avancieren. Er wird insgesamt zehn Filme für die BIP drehen, Filme, die größtenteils enttäuschend und für seine weitere Karriere unwichtig sind.

Plakette am Haus der Hitchcocks in der Cromwell Road 153, London

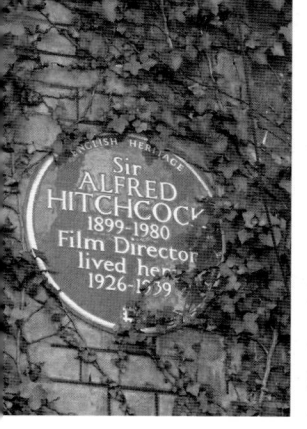

Downhill ist die Adaption eines laut Hitchcock »ziemlich mittelmäßigen« Episodenstücks um zwei Freunde, die ihre Identitäten tauschen, indem einer die Schuld des anderen auf sich nimmt, daraufhin von der Gesellschaft verstoßen wird. Rollentausch, Identitätswechsel, die Ambivalenz von Vertrauen und Misstrauen in Freundschaften, der auf kafkaeske Weise verfolgte unschuldig Schuldige – alles lebenslange Hitchcock-Topoi. Trotz seiner erkennbaren inhaltlich-strukturellen Schwächen ist *Downhill* nicht erfolglos. Während *Easy Virtue*, von Hitchcock uninspiriert realisiert, an den Kassen floppt.

The Ring wird im Sommer 1927 gedreht. Es ist Hitchs Einstand bei John Maxwells BIP – und ein eigener Stoff. Erstaunlicherweise handelt es sich dabei um eine im Boxermilieu angesiedelte Geschichte, die, ähnlich wie *The Lodger* oder *Downhill*, ein Dreiecksverhältnis zum Grundthema hat: Eine Frau steht zwischen zwei Männern, sie heiratet den einen, lässt aber von dem anderen nicht ab. Dem titelgebenden Ring sind dabei gleich drei verschiedene Konnotationen immanent: zunächst der Boxring, dann ein Armreif der Frau, der ihr von einem der beiden Männer geschenkt wird, und schließlich der Ehering, der später etwa in *Dial M for Murder* und in *Rear Window* ein Motiv ist. *The Ring* ist zwar kein kommerzieller Hit, jedoch ein Achtungserfolg bei der Kritik, und Hitchcock selbst meint denn auch: »Ich würde sagen, daß *The Ring* nach *The Lodger* der zweite Hitchcock-Film war. Er war voller Neuerungen [...].« (Truffaut 1999, S. 38)

Das Ring-Motiv, vgl. S. 96 f.

1928 markiert ein Jahr der Einschnitte und Neuerungen im beruflichen wie im privaten Leben der Hitchcocks: Das Ende der Stummfilmzeit naht, der Ton hält Einzug und wird eine Kunstform grundlegend verändern; und das junge eigenwillige Paar bekommt Nachwuchs. Diesen kündigt Alma ihrem Alfred zu Neujahr 1928 an. Vor dem Übergang von der Stummfilm- in die Tonfilmzeit realisiert Hitchcock zunächst noch die beiden – nicht zuletzt auch von ihm selbst als völlig irrelevant eingestuften – Filme *Champagne* und *The Manxman*.

Am 7. Juli 1928 wird Patricia Alma Hitchcock in London geboren. »Pat«, wie sie ein Leben lang gerufen wird, soll das einzige Kind von Alfred und Alma Hitchcock bleiben. In der Zeit von Almas Schwangerschaft – während der sich Hitch von ihr distanziert, sie meidet und sie ob ihrer geringen Körpergröße und des hierzu unproportional anwachsenden Bauches anscheinend als abstoßend empfindet – hat das Paar im Frühjahr 1928 ein Landhaus im Tudorstil gekauft, »Winter's Grace« in Shamley Green, etwa 50 Kilometer südwestlich von London. Das große Anwesen – auf dem sich Alfred und Alma fortan zum Ausspannen fernab der Londoner Hektik mit

Geburt von Tochter Patricia »Pat« Hitchcock

Töchterchen Pat aufhalten – ist, obzwar mit eigenem Garten und Waldstück, eher unprätentiös gehalten, so wie es später der Wohnsitz in Bel Air nach der Übersiedlung in die USA sein wird.

Von *Blackmail* bis zu *Jamaica Inn*: Englische Tonfilme der frühen Jahre (1929-1938)

Die Einführung des Tons hat in Großbritannien zunächst zur Folge, dass der britische Film insbesondere in qualitativer Hinsicht nunmehr ganz am Boden liegt, nachdem er bereits seinen wirtschaftlichen Niedergang erfuhr. So begrüßt auch nicht jeder diese neue Kunstform, da bereits einige der Studios in den Jahren zuvor schließen mussten, viele Produktionsfirmen bankrott sind. Zumal durch das im Jahre 1927 erlassene Quotengesetz (»Cinematograph Films Act«), das der quantitativen Reglementierung des Einsatzes nationaler Filme bei Verleihern und Filmtheaterbetreibern dient, für ausländische Produktionen der Anreiz besteht, auf britischem Boden schnell und viel zu produzieren. Denn alles, was in England produziert wird, gilt auch als englischer Film. Ein filmwirtschaftlicher Fördereuphemismus seitens des Staates, der nur mehr Quantität hervorbringt, nicht aber Qualität. Der Ruf des britischen Kinos verschlechtert sich daher zunehmend. Im Herbst 1928 hat mit Alan Croslands Broadway-Adaption *The Jazz Singer* der erste Tonfilm in London Premiere, nachdem er ein Jahr zuvor in New York uraufgeführt wurde.

Im Frühjahr 1929 finden die Dreharbeiten zu Hitchcocks *Blackmail* statt, der im April abgedreht ist. Das Drehbuch, basierend auf dem Stück von Charles Bennett, dem Theaterhit des Jahres 1928, hat Hitchcock selbst geschrieben. *Blackmail*, in einer stummen Fassung gedreht, bis auf die letzte Rolle, welche mit Ton realisiert ist, wird von der BIP als erster veritabler englischer Tonfilm im November 1929 uraufgeführt, ein Film von akustisch-visueller Brillanz und avantgardistischem Geist. Der Film ist bei Publikum und Presse gleichermaßen erfolgreich und bedeutet für Hitchcock – zumindest vorübergehend – ein Comeback. Vorübergehend, da die folgenden Arbeiten wieder völlig belanglos sind. Hitchcock erfüllt diese Auftragsproduktionen lustlos und uninspiriert – Kostüm-, Varieté- und Musicalstoffe, das sind nicht seine Themen. Im folgenden Jahr realisiert er gleich drei Filme, allesamt Adaptionen populärer Theaterstücke, und ist zudem an der unseligen Gruppenarbeit mehrerer Elstree-Studio-Regisseure, *Elstree Calling*, marginal beteiligt – »wirklich bar jeden Interesses« (Truffaut 1999, S. 55).

Elstree Calling fällt bereits in die Zeit der Vorbereitungen von Hitchs Folgeprojekt auf *Blackmail*, der Verfilmung von Sean O'Caseys zur Zeit der Irland-Aufstände spielendem Bühnenstück *Juno and the Paycock* (1924). Diese filmische Bühnenadaption ist Hitchcocks erster reiner Ton- und Sprechfilm. Die Epoche des ganz auf das visuelle Moment ausgerichteten Stummfilms, sie ist auch für ihn nun Vergangenheit. Während des Drehs mit dem Ensemble des Dubliner »Abbey Theatre« besucht der Dichter den Regisseur im Studio, und trotz aller Unterschiede zwischen dem Iren und dem Engländer ist Sympathie da, und sie beschließen, eine zweite Arbeit miteinander vorzubereiten. Doch durch ein ungeklärtes Missverständnis bricht Hitchcock diesen Kontakt ab – etwas, was er im Laufe seines Lebens immer wieder tun wird, selbst mit wichtigen, geschätzten Mitarbeitern.

Ein frühes Indiz dafür, dass der spätere »Master of Suspense« sich selbst geschickt zu vermarkten gedachte, ist die Gründung der »Hitchcock Baker Productions Ltd.«, einer kleinen Gesellschaft, die Werbezwecken und eben der Selbstvermarktung dient. Auch dies ein eher singuläres filmhistorisches Phänomen: Ein Regisseur, wohlgemerkt, kein Schauspieler, kein Star, der vor den Kameras die Illusionen und Identifikationsmöglichkeiten des Publikums bedient, gründet seine eigene PR-Firma. Hitchcock taucht nun öfter in der britischen Presse auf, zugleich dient die Firma dazu, Steuern abzuschreiben.

Selbstvermarktung

Auf den eher unfilmischen Film *Juno and the Paycock* folgend, den zum eigenen Beschämen des Regisseurs die Kritiker lobten, sitzen Alma und Alfred an der Adaption eines anderen Stoffes, des Kriminalstückes *Enter Sir John* von Clemence Dane und Helen Simpson. Das Drehbuch und auch der 1930 entstehende Film tragen den eingängigeren Titel *Murder!*

(*Mord – Sir John greift ein*), und es ist dies Hitchcocks erste und – neben *Stage Fright* mit Marlene Dietrich – einzige wirklich dem »Whodunit«-Genre entsprechende Arbeit. Dieser »Wer-ist-der-Täter?«-Frage nachzugehen, jenes klassische Rezept also, welches in vielen der großen populären Kriminalromane etwa von Agatha Christie, Sir Arthur Conan Doyle oder Edgar Wallace angewendet wird, ist Hitchcocks Sache nicht. Ihn interessiert die Täterfrage generell nicht wirklich: »Ich habe die ›Whodunits‹ immer gemieden, weil im allgemeinen nur ihr Schluß interessant ist.‹ (Truffaut 1999, S. 59) Dass das Publikum jedoch den Täter kennt und sich mitschuldig macht, indem es sein Schicksal verfolgt respektive sich eine drohende Enttarnung und Inhaftierung nicht wünscht und also Sympathie und Solidarität entwickelt, das ist so ganz nach Hitchcocks Geschmack und Bestandteil seiner einzigartigen subtilen Manipulation des Zuschauers. In *Murder!* wendet Hitchcock nicht nur erstmals einen inneren, aus dem Off eingesprochenen Monolog in der Manier des literarischen »Stream of Consciousness« an, auch kommt seinem so geschätzten Brandy eine Schlüsselfunktion zu. Er inszeniert zwei Versionen, eine originäre, englische, sowie, zwecks besserer Auslandsverkäufe – eine auf Deutsch. Ist die englische, expressionistisch anmutende Fassung von *Murder!* zweifellos nach *The Lodger* und *Blackmail* zu Hitchcocks besseren frühen Arbeiten zu zählen, so gerät die deutschsprachige Fassung zu einem Desaster: Die Schauspieler, allen voran Hauptdarsteller Alfred Abel, wollen nicht so, wie der Regisseur es will. Überdies sind die englischen Eigenheiten und Gewohnheiten filmisch nicht adäquat ins Deutsche übertragbar. Und umgekehrt konzediert Hitchcock: »Ich verstand die Besonderheiten des Deutschen nicht.« (Truffaut 1999, S. 61)

Das Brandy-Motiv (margin note)

Auf *Murder!* folgt die nächste Auftragsproduktion für die BIP, *The Skin Game*, nach dem 1920 uraufgeführten Sozialstück von John Galsworthy. Hitchcock inszeniert es Ende 1930, Anfang 1931. Ein weiterer jener sich anhäufenden Filme, über die er selbst nur mehr abfällig sagt: »Ich habe auch dazu nichts zu sagen.« (Truffaut 1999, S. 62)

Zu Weihnachten und dem Jahreswechsel 1931 / 1932 verbrin-

Leben

gen die Hitchcocks mit ihrer inzwischen dreieinhalbjährigen Tochter Patricia einen Winterurlaub auf einem Dampfer, eine ausgedehnte Weltreise, die sie auch nach Afrika führt, die Westküste entlang, sowie über den Atlantik in die Karibik. Auf dieser Reise entwickeln sie gemeinsam eine Idee für einen neuen Stoff, welcher Hitchs übernächstes Projekt werden soll, *Rich and Strange (Endlich sind wir reich)*. Zuvor beauftragt ihn John Maxwell abermals, für die BIP ein Theaterstück zu adaptieren, was Hitchcock mit großem Unmut erfüllt. Es handelt sich um *Number Seventeen*, den er, gewissermaßen sich revanchierend, schließlich als das Krimigenre veralbernde Parodie anlegt, um Produzent und Studio seinen Unwillen erkennen zu lassen. Doch dem völlig misslungenen Film – »eine Katastrophe« – sah man die ironisierende Intention seines Regisseurs nicht an.

Rich and Strange hingegen »steckt«, so Hitchcock selbst, »voller Ideen. Er handelt von einem Paar, das viel Geld bekommen hat und davon eine Weltreise macht« (Truffaut 1999, S. 63). Dieses spießige Londoner Mittelstandspaar – sie heißen Emily und Fred Hills –, das eine Reise um den halben Globus antritt, von Paris bis hin nach Singapur, es hat durchaus gewisse Ähnlichkeit mit dem weltreisenden Paar Alma und Alfred Hitchcock. Vor Drehbeginn reisen Alma und Alfred nach Paris, um sich für einige Sequenzen vor Ort ein Bild der »Folies Bergères« in Montmartre zu machen. Hitchcock ist von der Idee angetan, einen Bauchtanz zu zeigen. Im Varietétheater der »Folies Bergères« erkundigt er sich schließlich bei einem Herrn im Smoking, ob es denn hier auch Bauchtänze zu sehen gäbe, und wenn nicht, wo man dies in Montmartre erleben könne. Der Mann führt Alma und Alfred via Taxifahrt in ein Pariser Bordell, wo die Wirtin Hitchcock prompt bei Champagner die Dienste einer ihrer Damen anzubieten versucht – vor Almas Augen. »Das war mir noch nie passiert. Ich habe nie etwas mit solchen Mädchen zu tun gehabt, bis heute nicht. Kurz, wir sind ins Theater zurückgefahren, und mir wurde klar, daß wir uns genauso wie die Touristen in unserem Film benommen hatten, zwei Ahnungslose in der Fremde.« (Truffaut 1999, S. 64)

Da auch *Rich and Strange* wieder kein Erfolg beim Publikum wird, verlängert John Maxwell Hitchcocks Studiovertrag nicht mehr. Seine letzte Arbeit für die BIP ist schließlich keine der Regie, sondern eine als Produzent. Der von Benn W. Levy inszenierte *Lord Camber's Ladies*, mit Hitchs Lieblingsschauspieler Sir Gerald du Maurier besetzt, bildet in diesem erfolglosen Jahr 1932 den Schlussstein von Hitchs Tätigkeit für die British International Pictures.

In dem historisch so schicksalhaften Jahr 1933 – mit dem Zweiten Weltkrieg wird Alfred Hitchcock sich ab 1940 noch mehrfach filmisch auseinandersetzen – dreht er für den unabhängigen Produzenten Tom Arnold das harmlos-belanglose Kostümmusical *Waltzes from Vienna* um Johann Strauß Vater und Sohn. Es ist dies gewissermaßen ein Intermezzo, sowohl in künstlerischer als auch in produktionsbedingter Weise. »Das war ein Musical ohne Musik. Ganz billig. Es hatte überhaupt nichts mit meiner sonstigen Arbeit zu tun. […] Damals hatte ich einen sehr schlechten Ruf, aber zum Glück wußte ich das nicht.« (Truffaut 1999, S. 68) Hitchcock muss zu dieser Zeit sehr verzweifelt sein. Er steht im Grunde genommen vor dem Nichts, hat keinerlei beruflichen Ausblick nach all den vorhergehenden Misserfolgen. 1933 ist schließlich Hitchcocks Jahr der »tiefsten Ebbe« (Taylor 1980, S. 135). Er ist verbittert und übellaunig, auch hat er Depressionen. Zudem schränken Hitchcocks das Reisen außerhalb Englands ein, da sie von den politischen Umbrüchen in Europa hören.

Während jener leidigen Dreharbeiten zu *Waltzes from Vienna* kommt Michael Balcon in den Studios vorbei und besucht auch Hitch. Durch diese Begegnung kommt es abermals zu einer Zusammenarbeit mit Balcon, diesmal für die Filmgesellschaft Gaumont-British, und sie rettet Hitchcock und seine Regiekarriere. Balcon, einer der Direktoren der Firma, bietet Hitchcock zu Jahresbeginn 1934 einen Vertrag über fünf Filme an.

Von Ende Mai bis Anfang August 1934 dreht Hitchcock *The Man Who Knew Too Much* (*Der Mann, der zu viel wußte*). Es soll einer seiner bedeutendsten englischen Filme werden, von dem er 22 Jahre später, 1956, ein US-Remake dreht, dann in Farbe und an anderen Schauplätzen. Nach solchen stilistischformalen Vorstufen, wie sie in *The Lodger, Blackmail* und *Murder!* erkennbar waren, und nach all den indifferent umgesetzten Auftragsarbeiten kann die erste Version von *The Man Who Knew Too Much* sowohl als Startschuss für Hitchcocks große Zeit in seiner englischen Heimat als auch – zusammen mit dem nachfolgenden *The Thirty-nine Steps* (*Die 39 Stufen*) – als Grundmuster seiner Agententhriller betrachtet werden. 1934 ist es auch, dass die Hitchcocks erstmals an Weihnachten ihren Familienurlaub im schweizerischen St. Moritz verbringen, dort, wo sie vor acht Jahren ihre Flitterwochen verlebten. Von nun an haben diese Weihnachts- und Silvesterurlaube zum Jahreswechsel hin Tradition, werden ein geliebtes und gepflegtes Ritual, das stets im »Hotel Palace« stattfindet, jenem großen altehrwürdigen Hotel, in welchem Hitchcock sich so wohl wie in keinem anderen fühlt. Während dieser Schweizaufenthalte gibt er sich gern der Schlemmerei und dem Weingenuss hin. Etwas, was er, der keine Hobbys hat, neben dem Filmschaffen als seine einzige nicht filmische Beschäftigung angibt.

Das Ritual zu Jahresende: »Hotel Palace«, St. Moritz

Mit dem Beginn der Agenten- und Spionagethriller gehen zwei Begrifflichkeiten einher, die das Werk Hitchcocks leitmotivisch durchziehen und die untrennbar mit seinem Schaffen verbunden sind: »MacGuffin« und »Suspense«, zwei geradezu prototypische Charakteristika seines Wirkens.

»MacGuffin«

»Suspense«

> »Zwei Männer sitzen in einem Zug, der von London nach Schottland fährt. Über ihnen im Gepäcknetz liegt gut sichtbar ein merkwürdig anmutendes Paket.
> ›Was ist das da?‹ fragt einer der Männer.
> ›Oh, das ist ein MacGuffin‹, antwortet der andere.
> ›Was ist ein MacGuffin?‹
> ›Eine Vorrichtung, um Löwen im schottischen Hochland zu fangen.‹
> ›Aber es gibt doch gar keine Löwen im schottischen Hochland!‹
> ›Also dann, denke ich, ist das auch kein MacGuffin!‹«
> (Hitchcock über den »MacGuffin«; Spoto 1986, S. 180)

Der »MacGuffin« an sich ist vollkommen unwichtig, er ist kein wirklicher Bedeutungsträger. Jedoch treibt er die Handlung voran, ist Aufhänger der Story und beschäftigt die handelnden Personen. Für den Zuschauer ist es unerheblich, woraus der jeweilige »MacGuffin« besteht: Ist es in *The Man Who Knew Too Much* der Mordversuch, so ist es in *The Thirty-nine Steps* eine Geheimformel mit technischen Daten für neue Kampfflugzeuge. In *The Lady Vanishes* sowie in *Foreign Correspondent* ist es eine geheime Diplomatennachricht. In *Notorious* ist es das in Weinflaschen versteckte Uranium, in *Strangers on a Train* ein Feuerzeug mit eingravierten Initialen und in *North by Northwest* Mikrofilme mit sogenannten Regierungsgeheimnissen. In *Psycho* schließlich sind es die 40.000 Dollar, die Marion Crane entwendet. Doch auch in nicht von Hitchcock inszenierten Filmen kommt der »MacGuffin« zum Einsatz: Eines der berühmtesten Beispiele dürfte *Citizen Kane* (1941) von Orson Welles sein – das eingangs vom sterbenden Kane gehauchte Wort »Rosebud« ist schlicht ein »MacGuffin«. Und der slowenische Philosoph Slavoj Žižek bezeichnet den Ring in Richard Wagners Oper *Der Ring des Nibelungen* als den »größten MacGuffin aller Zeiten«. Der Begriff des »MacGuffin« selbst wurde vermutlich von Autor Angus MacPhail ersonnen – der zu den beiden Antikriegs-Kurzfilmen *Bon Voyage* und *Aventure Malgache* 1944 die Drehbücher verfasst sowie 1956 als Koautor des Remakes *The Man Who Knew Too Much* und bei *The Wrong Man* (*Der falsche Mann*) fungiert –, und Hitchcock übernimmt den Begriff alsbald für seine ureigenen Zwecke. Er selbst führt ihn wiederum auf Geschichten des in Indien geborenen britischen Autors Rudyard Kipling zurück: »Kipling hat häufig über die Inder und Briten geschrieben, die an der Grenze von Afghanistan gegen die Eingeborenen kämpften. In all den Spionagegeschichten, die in dieser Gegend spielen, ging es ohne Unterschied immer um den Raub von Festungsplänen. Und das war der ›MacGuffin‹.« (Truffaut 1999, S. 111)

»Suspense« wiederum ist für Hitchcock jenes Mittel, den Zuschauer manipulativ fremd zu bestimmen, ihn zu konditionieren, ihn nahezu aktiv mit einzubeziehen. Dabei gilt es, zwischen »Suspense« und Schock respektive Überraschung zu differenzieren.

»Der Unterschied zwischen Suspense und Überraschung ist sehr einfach, ich habe das oft erklärt. Dennoch werden diese Begriffe in vielen Filmen verwechselt. Wir reden miteinander, vielleicht ist eine Bombe unter dem Tisch, und wir haben eine ganz gewöhnliche Unterhaltung, nichts Besonderes passiert, und plötzlich, bumm, eine Explosion. Das Publikum ist überrascht, aber die Szene davor war ganz gewöhnlich, ganz uninteressant. Schauen wir uns jetzt den Suspense an. Die Bombe ist unterm Tisch, und das Publikum weiß es. Nehmen wir an, wie es gesehen hat, wie der Anarchist sie da hingelegt hat. Das Publikum weiß, daß die Bombe um ein Uhr explodieren wird, und jetzt ist es 12 Uhr 55 – man sieht eine Uhr. Dieselbe unverfängliche Unterhaltung wird plötzlich interessant, weil das Publikum an der Szene teilnimmt. Es möchte den Leuten auf der Leinwand zurufen: Reden Sie nicht über so banale Dinge, unter dem Tisch ist eine Bombe, und gleich wird sie explodieren! Im ersten Fall hat das Publikum fünfzehn Sekunden Überraschung beim Explodieren der Bombe. Im zweiten Fall bieten wir ihm fünf Minuten Suspense. [...]« (Hitchcock über den »Suspense«; Truffaut 1999, S. 58 f.)

Im Januar 1935 beginnen die Dreharbeiten zu *The Thirty-nine Steps* (*Die 39 Stufen*), bis 1938 folgen *Secret Agent* (*Geheimagent*, 1935), *Sabotage* (1936), *Young and Innocent* (*Jung und unschuldig*, 1937) und schließlich *The Lady Vanishes* (*Eine Dame verschwindet*, 1937). Von diesen Arbeiten findet einzig *Secret Agent* – nach *The Man Who Knew Too Much* Hitchcocks zweite Zusammenarbeit mit dem deutschen, vor dem Naziregime geflohenen Schauspieler Peter Lorre (*M – Eine Stadt sucht einen Mörder*, 1931) – bei Kritik und Publikum nur mäßig Anklang.

The Thirty-nine Steps, vgl. S. 71 ff.

Während der Vorbereitungen zu *The Thirty-nine Steps* lässt Hitch nach einer Sekretärin inserieren. Unter den Bewerberinnen fällt ihm eine adrette junge Frau auf, die einen Hut trägt. Ihre Mutter hatte ihr dies nahegelegt. Doch Hitch bittet Joan Harrison (1907-1994) höflich, den Hut abzunehmen, und nach einer nicht allzu langen Konversation hat sie die Stelle. Mit 28 Jahren wird sie seine persönliche Sekretärin und Assistentin. Fortan macht sie Notizen bei Drehbuchbespre-

Joan Harrison

chungen, erledigt Hitchcocks Korrespondenz und macht ab
und an Vorschläge, die mit in die Drehbücher einfließen.
Nach nur wenigen Jahren avanciert sie bei fünf Hitchcock-
Filmen zur Koautorin, von *Jamaica Inn* über *Rebecca* bis zu
Saboteur (1942), der ihren Weggang von Hitchcock markiert.
1955 wird Hitchcock sie als Produzentin seiner Fernsehreihe
Alfred Hitchcock Presents wieder engagieren, bei der sie dann
auch für Stoffauswahl und Besetzung verantwortlich zeichnet.
1963 heiratet Joan Harrison den britischen Schriftsteller Eric
Ambler, später gibt sie ihre Tätigkeit als Produzentin auf.
Im Juni des Jahres 1937, nachdem die Dreharbeiten zu *Young
and Innocent* abgeschlossen sind, unternehmen die Hitchcocks eine Reise nach Neapel, und Hitch nimmt neben Alma
und Patricia auch seine Mutter Emma und Assistentin Joan
Harrison mit. Während Alma mit einer Entzündung das Bett
hütet, fährt Hitchcock mit Mutter und Tochter nach Capri,
um ihnen die Blaue Grotte zu zeigen. Es bedarf einiger Über-
redungskünste des vor den Leuten peinlich berührten Sohnes,
seine pikierte Mutter auf das in ihren Augen ihrer unwürdige
und zudem gefährliche kleine Holzboot zu bekommen. Man
stelle sich den damals schon äußerst beleibten Hitchcock vor,
wie er nach jener unkommoden Überredungsszene schließlich mit Töchterchen Pat und Mutter Emma in einem der
kleinen Capri-Bötchen zur Touristenattraktion schippert. Etwas später im Jahr treten die Hitchcocks schließlich ihre erste
Amerikareise an, wieder zusammen mit Tochter Pat und wieder mit der loyalen Joan Harrison. Doch diesmal ohne die
Mutter.
Am 22. August 1937 betritt Alfred Hitchcock erstmals amerikanischen Boden, in New York, wo die »Queen Mary« anlegt.
Bekam er in den letzten Erfolgsjahren doch zunehmend An-
gebote aus Amerika, obgleich die Mehrzahl davon bei Michael
Balcon einging und von diesem nicht an Hitchcock weiterge-
leitet wurde. Er will seinen Schützling und Regiestar weiter in
England wissen. Doch längst hat »sein« Regisseur mit den
US-Studios Paramount, MGM oder RKO Gespräche geführt,
um langfristig in das amerikanische System zu wechseln, von
dem er sich mehr verspricht. Die Filmindustrie in London

kann ihm künstlerisch und finanziell nicht jene Möglichkeiten und Freiheiten bieten, die er sich in Hollywood erhofft.
Bei einer seiner nächsten Amerikareisen trifft Alfred Hitchcock eine sein zukünftiges Leben maßgeblich prägende Entscheidung – am 14. Juli 1938 unterzeichnet er in New York ei-
nen Vertrag mit US-Produzent David O. Selznick (1902-1965).   David O. Selznick
Ihnen soll eine zwar fruchtbare, doch auch kontroverse Zusammenarbeit bevorstehen. Da stoßen zwei äußerst eigenwillige Kreative, zwei Willensstarke aufeinander. Das erste Projekt,
das Produzent und Regisseur gemeinsam angehen wollen,
lautet denn auch unbescheiden *The Titanic* und hat den Un-
tergang derselben zum Thema.
Im Herbst 1938 finden noch die Dreharbeiten zu *Jamaica Inn*
(*Riff-Piraten*) statt, Hitchcocks vorerst letztem englischen Film.
Es ist die Adaption eines Romans der Schriftstellerin Daphne   Daphne du
du Maurier (1907-1989), der Tochter Sir Gerald du Mauriers,   Maurier,
von der Hitchcock mit *Rebecca* und *The Birds* noch zwei wei- vgl. S. 74 ff.
tere, ungleich gelungenere Stoffe umsetzen wird. Hitchcock   u. S. 117 ff.
ist bei der Produktionsfirma Mayflower Pictures zu dieser Auftragsproduktion vertraglich verpflichtet, bei der die Befindlichkeiten des einstigen Ufa-Produzenten Erich Pommer und
des hier ebenso als Produzent fungierenden Hauptdarstellers
Charles Laughton ihm das Leben erheblich erschweren. Vergeblich versucht er, aus dem Vertrag herauszukommen, den
von Pommer gezahlten Vorschuss zurückzuzahlen. Also dreht
er notgedrungen den im Cornwall des frühen 19. Jahrhunderts spielenden Kostümfilm *Jamaica Inn* ziemlich unzufrieden herunter – bevor er im Februar des Folgejahres 1939 alle
Zelte in seiner Heimat abbrechen wird, um mit seiner Familie, den zwei Hunden »Edward IX.« und »Mr. Jenkins«, einer
Köchin, einem Dienstmädchen sowie Joan Harrison in das
fremde Land Amerika überzusiedeln.

Amerika und die Jahre unter David O. Selznick: Persönliche Verluste und schwarz-weiße Meisterwerke (1939-1947)

Am 1. März 1939 sticht die »Queen Mary« abermals mit den
Hitchcocks an Bord ab Southampton in See. Diesmal ist es
eine Reise ohne Wiederkehr. Hitchcock hält sich während der

Überfahrt bevorzugt in den Restauranträumen der ersten Klasse auf und genießt die Speisen. In New York, der ersten Zwischenstation, hält er an der »Yale Drama School« eine Gastvorlesung über die Methode der Spannungserzeugung und die Inszenierung von Melodramen. Zudem hat Selznicks New Yorker Büro verschiedene Interviews arrangiert, die Hitchcock im »Saint Regis Hotel« führt, seinem hier fortan bevorzugten Hotel. In der zweiten Märzhälfte begeben sich die Hitchcocks ab Pennsylvania Station mit dem »Florida Special« gen Palm Beach, wo sie ein paar Tage verbringen. Ende März trifft die Familie schließlich in Los Angeles ein. In der oberen Etage der Wilshire Palms Apartments, mit der Adresse 10331 Wilshire Boulevard, hat Selznick für sie eine Wohnung angemietet, die vollständig in Weiß eingerichtet ist. Die Lage ist ideal, liegt das Selznick-Studio in Culver City doch nur wenige Fahrminuten vom Wilshire Boulevard entfernt. Für Hitchcocks persönliche Assistentin Joan Harrison findet Selznick zudem eine Wohnung im Erdgeschoss desselben Apartmenttrakts. So finden die Drehbuchbesprechungen wahlweise mal ganz oben oder ganz unten in den Wilshire Palms statt. Alsbald verlässt die Köchin die Hitchcocks und wird von einer loyalen Deutschen ersetzt, die zu Hitchs Freude ein Händchen für Saucen, Cremespeisen und Torten hat.

Das allzu ambitionierte Projekt *Titanic* wird schließlich nicht realisiert, stattdessen wird die Adaption von Daphne du Maupriers *Rebecca* (*Rebekka*) Hitchcocks erster US-Film für Selznick, für den er mit *Spellbound* (1945) und *The Paradine Case* (1947) letzten Endes doch nur drei Filme dreht.

Rebecca,
vgl. S. 74 ff.

Ab dem 10. April 1939 steht Hitchcock offiziell auf der Gehaltsliste von David O. Selznick, und so erscheint der Hollywood-Neuling tagtäglich mit Joan Harrison, und manchmal auch mit Alma, auf dem Studiogelände, wo er nun ein kleines Büro hat. Hier arbeitet er mit Joan Harrison an den Überarbeitungen des *Rebecca*-Drehbuchs. Doch es sollen noch Monate ins Land ziehen, bis es zur Realisierung des Stoffs kommt, zu sehr ist Selznick mit der aufwendigen Großproduktion *Gone with the Wind* (*Vom Winde verweht*, 1939) beschäftigt, die noch im Dezember des Jahres ihre Weltpremiere in Atlanta und New York feiern wird. Nach etlichen langwierigen Buch-diskussionen zwischen Regisseur und Produzent – beide sind das selbstsichere Auftreten und die demonstrative Autono-mie, verbunden mit disparaten künstlerischen Ansprüchen des jeweils anderen, nicht gewohnt – wird *Rebecca* von Sep-tember 1939 bis Januar 1940 gedreht. Und gewiss hat der Pro-duzent im amerikanischen Studiosystem das letzte Wort über die Dinge, nicht sein Vertragsregisseur, und sei es auch ein so renommierter wie Alfred Hitchcock. Um völlige Autonomie zu erreichen, wird Hitchcock daher später selbst Produzent seiner Filme werden. Ab *Rebecca* ist das Verhältnis dieser bei-den Egomanen kein ungetrübtes mehr. Bezüglich der Dreh-arbeiten zu *Rebecca* wird auch erstmals eine Schauspielerin über ihren Regisseur Hitchcock sagen: »Er schien von mir to-tal Besitz ergreifen zu wollen. […] Er übte totale Kontrolle über mich aus.« (Spoto 1986, S. 250) Es ist die junge Joan Fon-taine, die hier überdies große Probleme mit ihrem Filmpart-ner Laurence Olivier hat, der viel lieber mit seiner Partnerin Vivien Leigh vor der Kamera stehen würde.

Joan Fontaine

Mitte Oktober des Jahres ziehen die Hitchcocks wieder um. Denn bei einem ihrer gemeinsamen Abendessen mit der Schau-spielerin Carole Lombard, der Lebensgefährtin von Clark Ga-ble, erwähnen sie, sie seien dabei, sich Häuser in Bel Air anzu-sehen, jener Villengegend im Norden des Sunset Boulevards. Und just dort hat die Lombard ein möbliertes Haus und sie ist gerade dabei, auf Gables Ranch in Encino zu ziehen. Also ziehen die Hitchcocks aus Wilshire Palms aus und in die Saint Cloud Road 609 ein. Dort wohnen sie nun für zweieinhalb Jahre zur Miete, bis zu ihrem nächsten und zugleich letzten Umzug innerhalb Bel Airs, im Frühjahr 1942. Jener Zeit, in der Carole Lombard im Alter von nur 33 Jahren bei einem Flug-zeugunglück in Nevada ums Leben kommt, was Hitchcock tief trifft.

Zu Jahresende 1939, während der Dreharbeiten zu *Rebecca*, wiegt Alfred Hitchcock mehr als 150 Kilo und hat damit sein Höchstgewicht erreicht. Leicht hätte ihm im Alter von 40 Jahren ein Kollaps drohen können. Die Gründe hierfür – für dieses körperliche Sich-Verbarrikadieren, dieses Sich-Schüt-

Höchstgewicht von mehr als 150 Kilo

zen, diese ihn nur noch unattraktiver machende Esssucht –, sie mögen mannigfaltig sein: die Dispute mit Produzent Selznick, die Veränderung der Lebenssituation nach der Übersiedlung, seine nicht erwiderten und von Alma erahnten Gefühle für seine Assistentin Joan Harrison und schließlich womöglich der im September begonnene Zweite Weltkrieg, der auch über London, dort also, wo seine Mutter Emma und seine Geschwister William und Nellie wohnen, im Folgejahr mit den Angriffen der deutschen Luftwaffe brutal hereinbrechen wird. Nachdem zuvor Alma ihre Mutter und ihre Schwester aus London nach Kalifornien geholt hat, unternimmt Hitchcock Ende Juni 1940, noch vor der Premiere von *Foreign Correspondent,* eine anstrengende Reise – erst mit dem Zug von der Westküste an die Ostküste, dann per Dampfer mit Großraumschlafsaal über den Atlantik – in seine englische Heimat. Dort besucht er, eineinviertel Jahre nach seiner Abreise, seine Mutter, die er nun aus der Stadt bringt und draußen auf dem Land in Shamley Green einquartiert, wohin auch sein Bruder William nur wenige Zeit später folgt. Am 3. Juli 1940, kurz vor jenen ersten Angriffen auf England, ist Alfred Hitchcock wieder auf sicherem Boden in Hollywood zurück. Seine Mutter hat sich strikt geweigert, mit nach Amerika zu kommen.

Das düstere Melodram *Rebecca*, über das sein Regisseur sagt »das ist kein Hitchcock-Film« (Truffaut 1999, S. 103), erhält, dessen ungeachtet, den »Oscar« als Bester Film 1940.

Foreign Correspondent

Mit *Foreign Correspondent* (*Mord*) begibt sich Hitchcock wieder auf das schon vertraute Terrain des Spionagethrillers, mit dem er in seinen letzten englischen Jahren so erfolgreich war. Dieses durchaus auch politisch eingefärbte (Liebes-)Drama inszeniert er von Mitte März bis Ende Mai 1940 für den unabhängigen Produzenten Walter Wanger und die United Artists. Bereits 1936 hatte Wanger die Rechte an dem autobiographischen Roman *Personal History* des Reporters Vincent Sheehan erworben, zusammen mit Charles Bennett und Joan Harrison hat Hitch das Drehbuch erarbeitet. Der etwas agitatorische Duktus und die proamerikanische respektive proenglische Haltung des Films dürften auch Hitchcocks schlechtem

Gewissen geschuldet sein, nicht in seiner bekämpften englischen Heimat zu sein, sondern fernab im sicheren Amerika, das erst anderthalb Jahre nach der Premiere des Films (16. August 1940) in den Krieg eintritt. *Foreign Correspondent* ist zudem ein Film, der mit bemerkenswerten, geradezu innovativen technischen Mitteln arbeitet, die der soeben mit dem »Oscar« für seine Arbeit bei *Gone with the Wind* ausgezeichnete Produktionsdesigner William Cameron Menzies entwirft: von der labyrinthischen Innenarchitektur der holländischen Windmühle, über den extra für die Regenschirm-Mordsequenz gebauten Amsterdamer Platz, bis zu dem Flugzeugabsturz, bei dem das näher kommende Meer auf Reispapier projiziert und per Knopfdruck – am Schalter sitzt Hitchcock selbst – das Cockpit und die Passagierkabine mit Unmengen Wasser geflutet wird. Reichspropagandaminister Joseph Goebbels äußert sich respektvoll über Hitchcocks Anti-Kriegsfilm: »›Er ist ein Machwerk erster Klasse, sozusagen als kriminalistischer Aufreißer aufgemacht, der sicherlich im breiten Publikum der Feindländer einen gewissen Eindruck machen wird.‹ (22.01.1942)«. (Moeller 1998, S.77) Eine mehr als ambivalente »Anerkennung«.

Auf den von der Presse hochgelobten *Foreign Correspondent* folgt ein Projekt, das zumindest insofern singulär in Hitchcocks Werk ist, als es – sieht man von komödiantischen Anflügen etwa in *To Catch a Thief* oder *The Trouble with Harry* ab – die einzige veritable Komödie ist, *Mr. and Mrs. Smith* (*Mr. und Mrs. Smith*). Es ist der erste von drei Filmen für die RKO-Studios, an die Selznick den bei ihm unter Vertrag stehenden Regisseur ausleiht – und dafür mehr als das Doppelte der Gage erhält, die Hitchcock selbst dort bekommt. Selznick, »The Great Dictator« (deutsch: sowohl Diktator als auch Diktierender), wie ihn viele in der Branche titulieren, er ist der klassische gewiefte Hollywoodproduzent, bei dem Kasse und Kommerz vor Kunst und Kultur kommen. Berüchtigt sind auch seine sogenannten »Memos«, die er seinen Angestellten, also auch seinen Regisseuren, schickt, mit unzähligen Anmerkungen, Notizen und Ausführungen, in denen kein Detail ausgespart wird, und alles hat auf diese Anweisungen hin ausgeführt zu werden. *Mr. and Mrs Smith*, der von Anfang September bis Anfang November 1940 gedreht wird und auf einer Originalidee und dem Drehbuch von Autor Norman Krasna basiert, ist eine Screwball-Comedy, jedoch, leider, keine gute. Hitchcock dreht die belanglose hektische Ehekomödie angeblich Schauspielerin Carole Lombard zuliebe, die ebenfalls bei der RKO unter Vertrag ist. Die von ihm so geschätzte Carole Lombard ist es denn auch, die ihm einen neckischen Streich spielt, der sich auf seine kolportierte legendäre Aussage bezieht, alle Schauspieler seien Vieh. Als Hitch am ersten Drehtag an den Set kommt, hat die Schauspielerin einen kleinen Stall errichten lassen, mit drei Kälbern darin, und jedem Tier hängt an einem schmucken Bändchen ein kleines Schild um den Hals, auf dem je der Name eines der drei Hauptdarsteller zu lesen ist, ihr eigener mit eingeschlossen.

Cary Grant 1941 dreht Alfred Hitchcock den Psychothriller *Suspicion* (*Verdacht*). Es ist dies der erste von vier Filmen mit Cary Grant, solche für beide wichtige und herausragende Arbeiten wie *Notorious, To Catch a Thief* und schließlich *North by Northwest* sollen noch folgen. Legendär ist jene Sequenz, in der Cary Grant ein Milchglas auf einem kleinen runden Tablett aus der großen Halle die weitläufige Treppe im Halbdunkel zu Joan Fontaines Zimmer hinaufträgt – und der Fokus des Zuschauers liegt ganz auf dem Glas mit der hell leuchtenden Milch, welche vergiftet sein könnte. Hitchcock legte einfach eine batteriebetriebene Glühbirne in das Glas. *Suspicion*, eine Abhandlung über das Misstrauen zwischen zwei einander zugetanen Menschen und nach *Rebecca* Hitchcocks »zweiter englischer Hollywoodfilm: englische Schauspieler, englisches Milieu, englischer Roman« (Truffaut 1999, S.114), entsteht wieder für die RKO.

Das Jahr 1942 soll ein Jahr grundlegender Veränderungen und gravierender Einschnitte werden. Zunächst steht nach der im Umzug in die Bellagio Road 10957, Bel Air Frühjahr begonnenen Häusersuche der Umzug von der Saint Cloud Road zur endgültigen Adresse, der nahe gelegenen Bellagio Road 10957, innerhalb von Bel Air an. Diesmal nun kauft Alfred Hitchcock das neue Anwesen, ein sich eher bescheiden ausnehmendes Haus mit Garten – dort werden sie vier Jahrzehnte bis an beider Lebensende verbringen. Zudem erwirbt das Paar im Sommer ein Wochenendhaus in Scotts Valley, Santa Cruz, nahe San Francisco.

Die nächsten beiden Arbeiten entstehen nun für die Universal Studios, an die Selznick Hitchcock abermals ausleiht – *Saboteur* (*Saboteure*) sowie *Shadow of a Doubt* (*Im Schatten des Zweifels*). Letzteren benennt Hitch vielfach als einen seiner Lieblingsfilme. Es ist zweifelsohne einer seiner persönlichsten und komplexesten, angefüllt mit verschiedenen autobiographischen Zügen und familiären Elementen. *Saboteur* wiederum ist gewissermaßen eine amerikanische Variation von *The Thirty-nine Steps* und antizipiert diverse Motive von *North by Northwest*. Und er ist eine weitere Arbeit des doch eher unpolitischen Menschen Alfred Hitchcock, die eine proamerikanische Haltung innehat. Höhepunkt ist die finale Verfolgungsjagd und der Sturz des Saboteurs Frank Fry (Norman Lloyd) aus der die Fackel haltenden Hand der Freiheitsstatue.

Alma Reville vor dem heimischen Kühlschrank in Bel Air

Shadow of a Doubt, vgl. S. 77 ff.

Während dieses Jahres ereilen die Hitchcocks binnen gut drei Monaten gleich zwei traurige Nachrichten: Die erste kommt im Herbst, am 26. September 1942 – Hitchcocks Mutter Emma stirbt im Alter von 79 Jahren an Nierenversagen. Alfred Hitchcock hatte im Sommer *Shadow of a Doubt* zu drehen begonnen, als er erfuhr, dass seine Mutter im Koma liegt. Er hätte sie noch vor ihrem Tod sehen können, hätte an ihr Sterbebett gehen können. Jedoch reist der Regisseur nicht nach England, er will den Außendreh im kalifornischen Städtchen Santa Rosa nicht stoppen, ebenso wenig den sich anschließenden Studiodreh bei Universal. So verpasst er das Sterben von Emma Hitchcock.

Tod von Mutter Emma Hitchcock

Zuvor schon, im Frühjahr 1942, kündigte sich ein anderer Verlust an, wenngleich dieser eher einem Abschied auf Zeit gleichkommt: Tochter Patricia Hitchcock, die ohnehin seit frühen Schultheateraufführungen davon träumt, Schauspielerin zu werden, hat das Angebot einer Hauptrolle in dem Broadway-Stück *Solitaire* angenommen. Sie wird im Alter von 13 Jahren nach New York gehen, vorübergehend, und sich ausgerechnet in jenem Metier versuchen, über das ihr Vater nur Despektierliches zu äußern weiß.

> »Schauspieler! Ich hasse ihren Anblick! Schauspieler sind Vieh – Schauspielerinnen genauso. Ich sage ihnen, daß ich sie hasse, und sie hören das gerne, diese Exhibitionisten! [...] Meine eigene Tochter Patricia gab kürzlich ihr Debüt am Broadway. Mich überlaufen gelegentlich Schauer, wenn ich mir vorstelle, daß meine Tochter sich so betätigt.« (Hitchcock über Schauspieler; Spoto 1986, S. 350 f.)

Zu Beginn des Jahres 1943 erreicht die Hitchcocks eine weitere traurige Nachricht: Hitchs Bruder William hat am 4. Januar in London wahrscheinlich Selbstmord begangen. Er wird nur 52 Jahre alt. Herzversagen lautet zwar die offizielle Todesursache, doch ist es ein Herzversagen, verstärkt und beschleunigt durch Betäubungsmittel. Und auch nach dem Tod des Bruders – dem Alfred Hitchcock in jungen Jahren nie wirklich nahestand und den er als Erwachsener auch nur sporadisch sah – reist er nicht in die alte Heimat. Doch der doppelte Verlust macht ihm, dem Ängstlichen, der zur eigenen Sicherheit und Beruhigung alles als vorhersehbar und kontrollierbar einstufen und auch empfinden muss, Angst. Auch plagt ihn das schlechte Gewissen, bei beiden Todesfällen nicht dabei gewesen zu sein. Er, der Katholik, wird fortan mit diesem Schuldgefühl leben müssen.

Tod von Bruder William Hitchcock

Für die 20th Century-Fox entsteht 1943 Hitchcocks nächster Film, *Lifeboat* (*Das Rettungsboot*), der auf einer Vorlage von John Steinbeck basiert und zu Hitchs wenigen politisch motivierten Arbeiten zählt – »ein Mikrokosmos des Krieges«. Das Kriegsdrama ist ein hermetisch geschlossenes Kammerspiel auf denkbar engstem Raum und hält die klassische Einheit von Zeit, Ort und Handlung ein. Das gewagte filmische Experiment, innerhalb Hitchcocks Werk etwa *Rope* auf tech-

Lifeboat

Leben

nischer Ebene verwandt, wird ausschließlich im Studio gedreht, in einem großen Wasserbassin. Hitchcock selbst absolviert seinen obligatorischen Auftritt in einer Zeitungsannonce für das fiktive Diätmittel »Reduco«, die ihn »vorher« und »nachher« zeigt. Tatsächlich macht er zu dieser Zeit eine seiner strengsten Abmagerungskuren und lässt sich nach einem Gewichtsverlust von etwa 50 Kilo fotografieren, vorher und nachher eben. »Die Rolle war ein großer Erfolg. Ich habe eine Flut von Zuschriften bekommen, Briefe von dicken Leuten, die wissen wollten, wo und wie sie ›Reduco‹ bekommen können.« (Truffaut 1999, S. 132) Er hätte jedoch auch als wasserspeiender Wal am Ruderboot entlangschwimmen können, bemerkt er später einmal.

> Cavett: »[...] Waren diese Schauspieler unglücklich in *Lifeboat*?«
> Hitchcock: »Nun, ein paar von ihnen waren es ... Gewiss, wir hatten die berühmte Tallulah Bankhead, mit der es ein großer Spaß war ... Und eine der jungen Ladys im Boot hatte große Ambitionen, ein Filmstar zu werden ... Und ich entdeckte, dass sie sich Cleenex in ihren Büstenhalter steckte, um sich selbst aufzubauen. Und eines Tages sagte sie zu mir: ›Oh Mr. Hitchcock, was glauben Sie, ist meine beste Seite?‹ – Und ich sagte: ›Sie sitzen darauf, meine Gute!‹«
> Cavett (lachend, etwas sprachlos): »Nun ... dieses Mädchen heute ... Nun wir sollten wohl nicht ...«
> Hitchcock: »Wahrscheinlich sitzt sie immer noch darauf ...«
> (Hitchcock über seine Schauspielerinnen in *Lifeboat*; *The Dick Cavett Show*; 8. Juni 1972)

Im Frühsommer 1944 dreht Hitchcock auf Vermittlung seines alten Bekannten Sidney Bernstein, der zu dieser Zeit Chef der Filmabteilung des britischen Informationsministeriums ist, in London die beiden Propagandakurzfilme *Bon Voyage* und *Aventure Malgache*, zur Unterstützung der französischen Résistance. Es sind zwei in Schwarz-Weiß gedrehte Kurzfilme von jeweils etwa einer halben Stunde. Hitch hält sich 1944 erstmals wieder mehrere Monate am Stück in London auf, er ist im »Claridge's Hotel« untergebracht, wo er fortan logieren wird, wenn er in seiner Londoner Heimat weilt. Nach dem

Die Propaganda-kurzfilme *Bon Voyage* und *Aventure Malgache*

Tod von Mutter und Bruder verkauft er nun auch »Winter's
Grace«, das letzte »Rudiment« auf heimischem Boden. Er dürfte mit der Inszenierung der beiden Kurzfilme seinem schlechten Gewissen, seiner Heimat bisher weder im Wehrdienst noch
sonst wie von Nutzen gewesen zu sein, Genüge getan haben.
Es ist dies Hitchcocks Beitrag zu Englands Kriegsanstrengun-
gen.
Bei dem 55-minütigen, fragmentarischen Dokumentarfilm
The Memory of the Camps, von dem die sechste Rolle fehlt,
übernimmt Hitchcock im Jahr darauf, im Juni 1945 die künst-
lerische Beratung während des Schnitts der Endfassung.
Zurück in den USA, dreht Hitchcock noch im selben Jahr
seinen ersten Nachkriegsfilm, *Spellbound* (*Ich kämpfe um
dich*), diesmal wieder für Selznick International. Bereits in
den Londoner Monaten beschäftigt er sich mit einem neuen
Stoff, dem Roman *The House of Dr. Edwardes* von Francis
Beeding – »[…] ich wollte nur den ersten Psychoanalysefilm
drehen« (Truffaut 1999, S. 135). Ben Hecht und Angus Mac-
Phail schreiben das Drehbuch. Das Sujet ist die Psychoanalyse Sigmund Freuds, die nach ihrer Verbreitung in Europa und
ersten künstlerischen Verarbeitungen seit Beginn der 40er
nun in den USA en vogue ist. Der von privaten Problemen
belastete Workaholic David O. Selznick hat gerade selbst eine
Psychoanalyse hinter sich, diese modische Thematik möchte
er filmisch umgesetzt wissen. *Spellbound* markiert den ersten
von drei Hitchcock-Filmen mit der von ihm so sehr verehrten
Ingrid Bergman Ingrid Bergman, gefolgt von *Notorious* und *Under Capricorn*.
Ingrid Bergman stellt – nach ersten antizipierenden Vorläufe-
rinnen wie etwa Joan Fontaine – den hitchcockschen Prototy-
pus der nach außen unterkühlt, distanziert anmutenden, dabei innerlich leidenschaftlich lodernden attraktiven Blonden
dar, die später vor allem in Grace Kelly mit ebenfalls drei Filmen, sowie zuletzt in Tippi Hedren ihre Nachfolgerinnen findet. Selznick verpflichtet auch den jungen Gregory Peck, der
zwei Jahre später noch mal besetzt wird, gegen Hitchcocks
Willen, in dessen letzter Arbeit für Selznick, *The Paradine Case*.
Bergman und Peck geben hier das Liebespaar, sie die in einer
Klinik arbeitende Psychologin Dr. Constance Petersen, er den

von einem Trauma geplagten Kollegen John Ballantine, der gewissermaßen zu ihrem Patienten wird. Ein Filmpaar, das nicht wirklich funktionieren mag, so, wie auch die Chemie zwischen Hitchcock und Peck am Set nicht stimmt. Für die Traumsequenzen Ballantines wird der spanische Surrealist Salvador Dalí verpflichtet, der im September und Oktober zusammen mit Hitchcock an Versionen der Träume sitzt, über hundert Zeichnungen und fünf Ölbilder entwirft, die dann William Cameron Menzies in Bauten ausführt. Für den surreal wirkenden Klangteppich – für den Selznick zunächst einen gewissen Bernard Herrmann will, der bereits die Musik für Orson Welles' *Citizen Kane* (1941) und *The Magnificent Ambersons* (*Der Glanz des Hauses Amberson*, 1942) komponierte und nun aber (noch) nicht verfügbar ist – erhält der schließlich engagierte Ungar Miklós Rózsa einen »Oscar«. Jedoch: Das Psychoanalyse-Drama ist dramaturgisch langatmig, atmosphärisch hölzern und spröde. So wird der Film zwar zu einem Kassenerfolg, kann jedoch nicht zu Hitchcocks wirklich nachhaltigen Arbeiten gerechnet werden.

Auf *Spellbound* folgt einer der bedeutendsten Hitchcock-Filme, *Notorious* (*Berüchtigt*). Die Produktion des 1945 entstehenden Liebes-Polit-Dramas übernimmt Selznick zwar selbst, doch verkauft er diese quasi als Paket erneut an die RKO, mit Regisseur, Drehbuch und Darstellern. Wieder spielt Ingrid Bergman die Hauptrolle, doch statt des eher unpassenden Peck ist es nun Cary Grant, der an ihrer Seite zu sehen ist und der neben dem 1948 für *Rope* erstmals engagierten James Stewart – beide verkörpern sie in Hitchs Wahrnehmung sein perfektes Alter Ego – der einzige Schauspieler ist, der in insgesamt vier Hitchcock-Filmen mitwirkt.

Notorious, vgl. S. 83 ff.

Im April 1946 gründen Alfred Hitchcock und Sidney L. Bernstein die Produktionsfirma Transatlantic Pictures mit Sitz in London und New York, ein Schritt in die ersehnte Unabhängigkeit von Produzentenseite. Von Dezember 1946 bis Mitte März 1947 dreht Hitchcock den im Londoner Anwalts- und Gerichtsmilieu spielenden *The Paradine Case* (*Der Fall Paradin*), für den der Gerichtssaal des Old Bailey im Studio originalgetreu nachgebaut und vier Kameras parallel eingesetzt werden. Die Differenzen zwischen Hitchcock und Selznick nehmen bei diesem Unterfangen, welches bei Publikum und Kritik durchfällt, noch einmal zu: So ist Hitchcock etwa mit der Besetzung – Alida Valli, Gregory Peck, Ann Todd und Louis Jourdan – überhaupt nicht glücklich und liefert Selznick das Drehbuch erst während der Dreharbeiten häppchenweise. Auch versagt Selznick Hitchcock längere Plansequenzen und aufwendigere Kamerafahrten und lässt Sequenzen, die ihm zu dunkel erscheinen, mit deutlich mehr Lichtgebung nachdrehen. Für den Regisseur ein unerträglicher Eingriff in sein ureigenstes künstlerisches Schaffen. Es ist dies die letzte Arbeit Alfred Hitchcocks für David O. Selznick. Dass der Vertrag zwischen Regisseur und Produzent nunmehr ausläuft, dürfte vor allem für Hitchcock mit einer deutlichen Erleichterung einhergehen, vielleicht kommt es einer Art Befreiungsschlag gleich. Selznick versucht später vergeblich, Hitch abermals unter Vertrag zu nehmen, doch Alfred Hitchcock lässt sich in dieser Form nicht mehr binden.

In Farbe und in Eigenproduktion: *Rope* und die Übergangsphase (1948-1952)

Rope (*Cocktail für eine Leiche*) markiert in mehrfacher Hinsicht eine Zäsur und den Versuch eines Neuanfangs. Es ist Alfred Hitchcocks erster Technicolor-Farbfilm sowie der erste von zwei Filmen als sein eigener Produzent. Hinzu kommt, dass dieser Film ein stilistisch-technisches Experiment ist, etwas, was Hitchcock von jeher liebt. Und so dreht er 1948 in den Studios der Warner Brothers in Burbank das 1929 publizierte Theaterstück von Patrick Hamilton nach dem Drehbuch von Arthur Laurents quasi an einem Stück, respektive in Takes, die der Länge einer Rolle von zehn Minuten entsprechen. Die 80-minütige in New York spielende fiktive Handlung entspricht exakt den realen 80 Filmminuten. Ein unfilmischer Theaterfilm, gewissermaßen aus einer einzigen langen Plansequenz bestehend, ohne jegliche Schnitte. In der vollkommen hermetischen Art eines Kammerspiels, unter Einhaltung der klassischen Einheit von Zeit, Ort und Handlung und seiner absoluten formalen Reduktion ist *Rope* mit dem

Hitchcocks erster Farbfilm, *Rope*

früheren *Lifeboat* sowie mit dem späteren *Dial M for Murder* verwandt. Zu überzeugen vermag *Rope* jedoch nicht wirklich, zu statisch, zu artifiziell mutet der Stoff an, in dem die beiden Studenten Brandon (John Dall) und Philip (Farley Granger) ihrem Professor Rupert Cadell (James Stewart) die praktische **James Stewart** Umsetzung seiner Theorie des perfekten Mordes vorführen, indem sie einen Kommilitonen erwürgen, und zu einer Party einladen, während der Tote in der Truhe liegt, auf der das Buffet angerichtet ist. Tod und Essen – ein hitchcockscher Topos. Dabei impliziert das Theoretisieren zwischen dem Professor und den beiden Studenten Assoziationen zu nationalsozialistischem Gedankengut.

1948 beginnt Tochter Patricia ein Schauspielstudium an der Royal Academy of Dramatic Art in London, während ihr Vater, begleitet von Alma, nach zehn Jahren wieder in England arbeitet. Denn als nächste und zugleich letzte Eigenproduktion entsteht in den Londoner Elstree-Studios der Kostüm- und Historienfilm *Under Capricorn* (*Sklavin des Herzens*), angesiedelt im Australien des 19. Jahrhunderts, mit Ingrid Bergman und Joseph Cotten. Ein atypischer Hitchcock, wie zuvor etwa schon *Jamaica Inn*, ein missglücktes Unterfangen, künstlerisch wie kommerziell, das dazu führt, dass Transatlantic Pictures 1949 wieder aufgelöst werden.

> »›Ich hatte eine Geschichte für Ingrid Bergman gesucht, und ich glaubte, sie gefunden zu haben. Ich hatte genau überlegt, nie hätte ich mich sonst für einen Kostümfilm entschieden; ich habe auch nie wieder einen gedreht. [...] Wenn ich heute einen Film drehen würde, der in Australien spielt, würde ich einen Polizisten zeigen, der in den Beutel eines Känguruhs springt und ihm zuruft: ›Folgen Sie dem Wagen dort!‹« (Hitchcock über *Under Capricorn*; Truffaut 1999, S. 157)

Mit *Under Capricorn* verbinden sich auf persönlicher Ebene für Hitchcock ein herber Verlust und ein Gewinn zugleich: Ingrid Bergman lernt Regisseur Roberto Rossellini kennen, sie verlassen beide ihre Ehepartner und leben und arbeiten fortan zusammen. Seinerzeit ein Skandal. Hitch wiederum lernt Peggy Robertson kennen, die er zunächst als Scriptgirl engagiert **Peggy Robertson** und die später über viele Jahre hinweg seine persönliche Assistentin sein wird – bis hin zur letzten Arbeit *Family Plot*.

Nach dem Desaster um *Under Capricorn* nimmt die Warner Brothers Hitchcock unter Vertrag. Der erste von insgesamt vier Filmen, *Stage Fright* (*Die rote Lola*), mit Marlene Dietrich und Jane Wyman, wird zur nächsten sprichwörtlichen Ent-Täuschung in Hitchcocks Filmographie. Der im Sommer 1949 in Schwarz-Weiß gedrehte »Whodunit«, der im Londoner Theatermilieu spielt, täuscht den Zuschauer, indem er den eigentlichen Mörder als Erzähler einsetzt, der in einer Rückblende von seiner Unschuld spricht und erst am Schluss als Täter enttarnt wird. Der Film zwingt somit den sympathisierenden Zuschauer zum Perspektivwechsel. Hitchcock selbst meint denn auch: »Ich habe mir bei dieser Geschichte etwas erlaubt, was ich nie hätte machen dürfen: eine Rückblende, die eine Lüge war.« (Truffaut 1999, S. 158) Tochter Patricia spielt hier erstmals in einem Film ihres Vaters mit, zwei weitere Nebenrollen sollen folgen, in *Strangers on a Train* und in *Psycho*.

Ende 1949 aus London nach Hollywood zurückgekehrt, nach zwei erfolglosen Produktionen und in seinem 50. Lebensjahr stehend, inszeniert Alfred Hitchcock im Herbst 1950 mit dem auf Patricia Highsmith' gleichnamigem Romandebüt basierenden *Strangers on a Train* eine seiner bestechendsten und nachhaltigsten Arbeiten. *Strangers on a Train* markiert überdies die erste Zusammenarbeit mit seinem langjährigen, wichtigen Kameramann Robert Burks, der bis auf *Psycho* alle Filme einschließlich *Marnie* fotografiert.

Nach Beendigung der Dreharbeiten unternimmt die Familie Hitchcock im Frühjahr des ruhigen Jahres 1951 eine etwa zweieinhalb Monate dauernde Rundreise durch Europa, und bereits zu Beginn der Reise macht Pat eine folgenreiche Bekanntschaft: Sie lernt den jungen Geschäftsmann Joseph E. O'Connell kennen – und verliebt sich. Nur vier Monate später, am 17. Januar 1952, heiraten Patricia und O'Connell in New York.

Strangers on a Train, vgl. S. 88 ff.

In drei Filmen ihres Vaters spielte sie mit:

Szene aus *Strangers on a Train*, mit Tochter Patricia Hitchcock (stehend), 1951

Das Paar wird bald drei Kinder bekommen, Pat wird ihre Schauspielerei aufgeben. Mit seinen Enkelinnen spielt Großvater Alfred Hitchcock gelegentlich und gern, und wenngleich er auch zu ihnen streng ist, so doch nicht ganz so streng wie zuvor zu Pat. Ab August 1952 realisiert Hitchcock ein von seinem Katholizismus (und besonders von Alma) angetriebenes Projekt – *I Confess* (*Ich beichte / Zum Schweigen verurteilt*), nach George Taboris und William Archibalds Drehbuch, basierend auf dem 1902 publizierten Theaterstück *Nos deux consciences* von Paul Anthelme. Das Drama, mit Montgomery Clift und Anne Baxter besetzt, ist eine streng anmutende, dabei keineswegs unemotionale Abhandlung über den hier religiös-theologisch konnotierten Komplex um Schuld und Sühne, Vertrauen und Misstrauen.

(Randnotiz:) **Heirat Patricia Hitchcocks mit Joseph E. O´Connell**

> »Er hielt sich meistens sehr still, konnte sich dann aber mit plötzlicher Schnelligkeit bewegen – das war, als ob ein Blitz sich in der Gestalt eines Buddhas verborgen hätte. Da war etwas erschreckend Zweiseitiges an ihm, und er tat alles, um zu vermeiden, daß Leute heftig auf ihn reagierten.« (Anne Baxter über Hitchcock; Spoto 1986, S. 397)

Von *Dial M for Murder* bis zu *The Birds*: Die Ära der großen erfolgreichen Studiofarbfilme (1953-1963)

Die Hitchcocks sind inzwischen ein gutes Jahrzehnt in Hollywood, und wenngleich er gewiss nicht zu den geselligsten Menschen zählt, so gibt Hitchcock zuweilen eine ausgefallene Party im kleinen Kreis. Angesichts seines eher unsozialen, zurückgezogen geführten Lebens ist dies ein scheinbar erstaunlicher Widerspruch. Am 17. April 1953 bekommt die Familie Nachwuchs: Pats erste Tochter, Hitchs Enkelin Mary Alma, wird geboren. In den Monaten August und September inszeniert Hitchcock seinen nächsten Film, *Dial M for Murder* (*Bei Anruf Mord*) nach dem Bühnenstück von Frederick Knott, der auch das Drehbuch verfasst. Das farbintensive, hermetische Kammerspiel markiert die erste von drei Arbeiten mit Grace Kelly, seiner bevorzugten Schauspielerin überhaupt. Der Film wird auf Wunsch von Studioboss Jack Warner in

(Randnotiz:) **Dial M for Murder**

(Randnotiz:) **Grace Kelly**

(Seitenrand vertikal:) Leben

3-D-Technik gedreht, die gerade en vogue ist und mit der man gegen das populäre Fernsehen halten will. *Dial M for Murder* – über den Hitchcock die Bemerkung macht »Ich würde auch gern einen ganzen Film in einer Telefonzelle drehen« (Truffaut 1999, S. 178) – gehört durchaus zu den guten Arbeiten des Regisseurs und setzt die kleine Reihe von Filmen, die auf denkbar engstem Raum spielen, nur im Innen, nie im Außen, fort. Eine Dreiecksgeschichte, in der insbesondere die Institution der Ehe als ein Hort des Misstrauens, des moralischen wie finanziellen Lugs und Trugs gezeichnet wird. Die im wahrsten Wortsinn bestechende Scherenmord-Sequenz, in der Grace Kelly dem von ihrem Gatten Ray Milland beauftragten

Alfred Hitchcock
und Grace Kelly
am Set von
To Catch a Thief

Leben

Mörder Anthony Dawson eine Schere in den Rücken rammt, mit der er zudem rücklings zu Boden fällt, hat, sechs Jahre vor jener Duschmord-Sequenz in *Psycho*, Filmgeschichte geschrieben. Später, im April 1974 in New York, in einer Dankesrede anlässlich einer Galaehrung im Lincoln Center, bei der Hitch zwischen Grace Kelly und Alma sitzt, lautet sein ambivalenter Schlusssatz anspielungsreich: »As you have seen on the screen, scissors are the best way.« (Truffaut 1999, S. 295)

Hitchcock inszeniert nach *Dial M for Murder* ab der zweiten Jahreshälfte 1953 sechs Filme für die Paramount: *Rear Window*, dessen Dreharbeiten noch im November beginnen, bildet den Auftakt der goldenen Paramount-Ära, *Psycho* den Abschluss. In dieser Periode seines Schaffens – er spricht selbst davon, dass seine »Batterien voll aufgeladen waren« (Truffaut 1999, S. 184) – dreht er Film auf Film. Überhaupt dürfen die 50er Jahre als die produktivsten – und im künstlerischen Bereich auch als die glücklichsten und erfüllendsten – seines Lebens gelten. Im Sommer 1954 finden die Dreharbeiten zu *To Catch a Thief* zunächst an der südfranzösischen Côte d'Azur statt, danach werden die Innenaufnahmen in Hollywood gedreht. Zu dieser Zeit, am 2. Juli 1954, kommt Hitchs zweite Enkelin Teresa zur Welt. Am 13. August feiert das Team den 55. Geburtstag des Regisseurs mit Champagner und Torte. Bereits im Herbst folgt der Dreh zu *The Trouble with Harry*, der teils im herbstlichen Vermont, teils im Studio stattfindet. Die schwarze Komödie bedeutet den Beginn der mehrjährigen Zusammenarbeit mit Komponist Bernard Herrmann, der zu acht Hitchcock-Filmen die Musik anlegt.

Im Januar 1955 erhält Alfred Hitchcock Besuch von zwei französischen Filmkritikern, die für die *Cahiers du Cinéma* schreiben. Hitchcock befindet sich in den Filmstudios Saint-Maurice in Joinville nahe Paris bei der Synchronisation von *To Catch a Thief*, als François Truffaut und Claude Chabrol ihn interviewen wollen. Es ist dies die erste Begegnung der beiden Hitchcock-Adepten mit ihrem bewunderten Vorbild. Aber der Termin fällt im wahrsten Sinne des Wortes ins Wasser, denn beide stürzen unmittelbar vor der Begegnung im Halbdunkel in einen Pool, um sodann völlig durchnässt vor dem

Rear Window, vgl. S. 93 ff.

To Catch a Thief, vgl. S. 99 ff.

Claude Chabrol und François Truffaut, vgl. S. 130 ff.

Meister zu stehen und den Termin auf den Abend im Pariser Hotel verschieben zu müssen. »Die Wahrheit über unser Abenteuer ist, dass Truffaut diesbezüglich ein wenig gelogen hat. Denn er erzählte, dass er mir geholfen habe, aus dem Bassin zu kommen. Doch die traurige Wahrheit ist, dass es genau umgekehrt war und ich ihm aus dem Bassin half. Und ich habe den Beweis dafür: Truffaut konnte nicht schwimmen, während ich universitärer Champion im Schmetterlingsschwimmen war.« (Claude Chabrol; Gespräch mit dem Autor, Februar 2009)

US-Staats-bürgerschaft

Nachdem Alfred Joseph Hitchcock die amerikanische Staatsbürgerschaft angenommen hat, ist sein nächster Film *The Man Who Knew Too Much*. Das einzige Remake eines eigenen Films entsteht im Sommer. Die mit James Stewart und Doris Day besetzte Farbversion des Schwarz-Weiß-Originals von 1934 wird in Marokko und London gedreht – die in der Royal Albert Hall spielende Attentats-Sequenz und der von Doris Day geschmetterte Hit *Que sera, sera* (*Whatever Will Be*) sind legendär. Über den Unterschied seiner beiden Fassungen sagt Hitchcock selbst: »Sagen wir, die erste Fassung hat ein talentierter Dilettant gemacht und die zweite ein Professioneller.« (Truffaut 1999, S. 76)

Der Meister im Fernsehen:
Alfred Hitchcock Presents, **ab 1955**

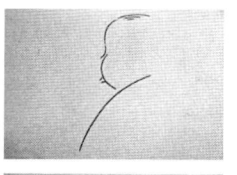

Neben der Staatsbürgerschaft markiert das Jahr 1955 ein weiteres Novum in Hitchcocks Vita: Mit der Ausstrahlung der halbstündigen, von ihm selbst inszenierten Folge *Revenge* (mit Vera Miles) der neuen wöchentlichen CBS-Fernsehreihe *Alfred Hitchcock Presents* beginnt am Abend des 2. Oktober die beispiellose Fernsehkarriere eines Kinoregisseurs. Er fungiert als Showmaster und Produzent, wofür er die nach dem alten Landsitz in England benannte Produktionsfirma Shamley Productions gründet, seine ehemalige Assistentin Joan Harrison sowie Schauspieler und Regisseur Norman Lloyd kann er als Koproduzenten gewinnen. Im Vorspann ist zu Charles Gounods stakkatohaftem *Trauermarsch für eine Marionette* Hitchcocks in acht Strichen gezeichnetes Selbstporträt im Profil zu sehen, in welches er als Silhouette tritt. »Good eeevening, ladies and gentlemen …«, erklingt es dann trocken-süffisant, und Hitch ist, in mitunter grotesker Maskerade, in einem der vielen, teils absurd-skurrilen, teils auch moralischen Minisketche zu sehen, mit denen er in alle Folgen einführt, zwischendurch die ihm so verhassten Werbespots kommentiert und das Publikum abschließend auch wieder entlässt. *Alfred Hitchcock Presents* (1955-1962) besteht aus 266 Folgen von jeweils 25 Minuten Laufzeit und die sich daran anschließende *The Alfred Hitchcock Hour* (1962-1965) aus 93 Folgen von jeweils 50 Minuten Laufzeit. 1957 läuft zudem eine andere TV-Reihe an, *Suspicion*, zu der er die erste Episode inszeniert, *Four O'Clock*. Insgesamt 20 Folgen von *Alfred Hitchcock Presents* und *The Alfred Hitchcock Hour* hat Hitchcock selbst inszeniert, darunter etwa *Lamb to the Slaughter* (mit Barbara Bel Geddes), *Bang! You're Dead* oder *I Saw the Whole Thing* (mit John Forsythe). Seine ein Jahrzehnt während Fernsehpräsenz – im Grunde eine konsequente Erweiterung seiner traditionellen Cameo-Auftritte – macht Alfred Hitchcock, den schüchternen, ängstlichen Mann, zu einer Weltberühmtheit.

Die Fernsehreihen *Alfred Hitchcock Presents* und *The Alfred Hitchcock Hour*

»Um ehrlich zu sein – wäre er nicht der Regisseur solcher Filme gewesen, man hätte ihn schnell als eine lächerliche Person nehmen können. Aber er war sehr lustig, und es war ihm so sehr zur Gewohnheit geworden, aus sich heraus diese Kunstfigur zu fabrizieren, die er in seiner Fernsehsache einsetzte. Diese Fernsehsache war sehr wichtig, da es aus ihm eine Art populäre Statue machte. Die Leute wussten nun, wer er war. Er fing sogar an, Französisch zu sprechen und sich selbst zu synchronisieren. In den letzten Folgen von *Alfred Hitchcock Presents* begrüßte er immer mit einem ›Bonsoooiiir!‹« (Claude Chabrol über die Figur Hitchcock; Gespräch mit dem Autor, Februar 2009)

Einen letzten Film für die Warner, der er sich in Erfüllung seines Vertrages noch verpflichtet fühlt, dreht Hitchcock im Frühjahr 1956, ohne Gage. *The Wrong Man* (*Der falsche Mann*), mit Henry Fonda und Vera Miles besetzt und auf authentischen Geschehnissen um den zu Unrecht mehrerer Raubüberfälle verdächtigten New Yorker Bassisten Manny Balestrero basierend, mutet beinahe semi-dokumentarisch an und ist von spröder, bedrückender Reduktion. Ein Leben zerbricht aufgrund eines Irrtums von Polizei und Justiz. Für Hitchcock ein wahrer Albtraum.

1957 muss sich Hitch gleich zwei Operationen unterziehen – Mitte Januar an einem Leistenbruch, sowie Mitte März an der Gallenblase –, die er, der sich von allem Körperlichen stets mit viktorianischem Duktus distanziert, notgedrungen über sich ergehen lässt, um später darüber zu witzeln. Nach mehreren Regiebeiträgen zu seiner Fernsehreihe wird schließlich von September bis Dezember 1957 *Vertigo* gedreht. Neben James Stewart übernimmt Kim Novak die weibliche Hauptrolle, die Hitch ursprünglich für Vera Miles vorgesehen hatte. Doch Vera Miles wurde während der Drehbucharbeit schwanger und sagte ab, was ihn, der sie zu einer neuen Grace Kelly aufbauen wollte, sehr verdrießt. 1957 ist auch jenes Jahr, in welchem Claude Chabrol und Eric Rohmer ihr Buch *Hitchcock* veröffentlichen – die erste Biographie über den Regisseur, knapp zehn Jahre vor Truffauts Interviewbuch.

Vertigo,
vgl. S 104 ff.

Im Frühjahr 1958 treten bei Alma beunruhigende Symptome auf. Sie lässt sich untersuchen und erhält die Diagnose Unterleibskrebs. Umgehend unterzieht sie sich einer Operation. Hitch, vor Sorge regelrecht außer sich, befindet sich kurz vor Abschluss der Dreharbeiten einer neuen Folge zu seiner Fernsehreihe. So dreht er tagsüber strikt von neun bis fünf Uhr »und fuhr dann um fünf unter Weinkrämpfen und nervösen Zuckungen« direkt ins Krankenhaus« (Taylor 1980, S. 290). Auch steckt er bereits mitten in den Vorbereitungen zu *North by Northwest* für die MGM. Selbst als Alma wieder zu Hause ist, um dort zu genesen, ist Hitch es, der vor lauter Angst um sie das Drehbuch von Ernest Lehman vernachlässigt und von ihr angetrieben wird.

North by
Northwest

Am 27. Februar 1959, während der Postproduktion von *North by Northwest*, wird Hitchcocks dritte Enkelin, Kathleen, geboren.

Anfang November 1959 beginnen in den Revue-Studios der Universal die Dreharbeiten für den Low-Budget-Film *Psycho*, die bis Ende Januar 1960 dauern. Mit diesem Film geht Hitchcock anlässlich des internationalen Kinostarts ab April 1960 auf Weltreise. Der Erfolg von *Psycho* ist überwältigend, bereits

Psycho,
vgl. S. 110 ff.

Leben

nach dem ersten Durchlauf betragen die Einnahmen allein in den USA 15 Millionen Dollar. Hitchcock ist jetzt, nicht zuletzt auch durch seine Beteiligung an der Fernsehreihe, ein reicher Mann. Sein Vermögen ist angelegt in Aktien, Immobilien und Ländereien, in texanischem Vieh, in Gas- und Ölquellen sowie in Gemälden – darunter Arbeiten von Dalí, Dubuffet, Klee, Rodin. Einen gut sortierten Weinkeller mit den besten Jahrgängen nennt er ohnehin schon seit längerem sein Eigen. Und dennoch, er wird bis ans Ende seines Lebens stets die Angst haben, urplötzlich kein Geld mehr zu haben.

53 Jahre ein Paar: Alma Reville und Alfred Hitchcock, 1960

Am Freitag, dem 13. Oktober des ruhigen und eher unkreativen Jahres 1961 entdecken Alma und Alfred morgens Tippi Hedren. Es ist purer Zufall. Sie sehen die kühl wirkende Blondine in einem Fernsehwerbespot für den Diättrunk »Sego« auf NBC. Und sofort ist ihnen klar: Das ist die neue Hitchcock-Heroine, die Nachfolgerin von Grace Kelly. Im »Chasen's«, Hitchs bevorzugtem Restaurant in Hollywood, wo Alma und er jeden Donnerstag zu essen pflegen, eröffnet er ihr – dabei eine silberne Brosche mit drei Vögeln überreichend, die sie noch heute hat –, dass er sie für die Hauptrolle der Melanie Daniels in *The Birds* möchte.

Vgl. S. 135

> »Es war wie das Märchen vom Aschenbrödel. Ganz genau so. [...] Mir wurde da diese Traumkarriere einfach auf dem Silbertablett serviert. [...] Und Alfred Hitchcock wurde nicht nur mein Regisseur, sondern auch mein Schauspiellehrer.« (Tippi Hedren über ihre Entdeckung durch Hitchcock; WDR-Archiv, unveröffentlicht, ARD-*Legenden* 2008/09)

Ohne Hitchcock wäre aus dem Model Hedren womöglich nie die Schauspielerin Hedren geworden. Im Frühjahr 1962 finden schließlich in San Francisco, Bodega Bay und den Universal-Studios die Dreharbeiten zu dem technisch innovativen *The Birds* statt. Hitchcock ist nach seinem Weggang von Paramount fortan bei Universal verpflichtet, für die er seine letzten sechs Filme dreht.

The Birds, vgl. S. 117 ff.

Am 13. August 1962, an Alfred Hitchcocks 63. Geburtstag, trifft François Truffaut mit der Dolmetscherin Helen Scott in Hollywood ein, um über sechs Tage hinweg sein Interview mit dem von ihm verehrten Meister in dessen Universal-Bungalow zu führen. Bis zum Erscheinen des Buches im November 1966 werden im Lauf von vier Jahren weitere Treffen der beiden stattfinden.

The Birds feiert im Mai 1963 als Eröffnungsfilm der Internationalen Filmfestspiele von Cannes Weltpremiere, und Alfred Hitchcock und Tippi Hedren lassen aus aufgestellten Vogelkäfigen Dutzende von Tauben losfliegen. Ein Werbegag, und der Meister hat sichtlichen Spaß dabei. Die Aufmerksamkeit der versammelten Weltpresse ist ihm und ihr sicher.

Alfred Hitchcock, Ehefrau Alma Reville, Tippi Hedren, 1963

Im Herbst 1963 dreht Hitchcock *Marnie*, erneut mit Tippi Hedren statt mit der ursprünglich vorgesehenen Grace Kelly, die zu dieser Zeit schon Fürstin von Monaco ist, sowie mit Sean Connery, der seit 1961 als »James Bond 007« populär ist. Während der Dreharbeiten kommt es zu massiven Spannungen zwischen dem Regisseur und seiner Hauptdarstellerin, die beide irgendwann nur noch über Dritte oder per Zettel miteinander kommunizieren. Nach den zwei gelungenen vorhergehenden Arbeiten beginnen für Hitch nun die Jahre der künstlerischen und kommerziellen Misserfolge. Es gibt Planungen zu drei Projekten (*The Three Hostages*, *Mary Rose*, *R. R. R.*), die jedoch allesamt nicht zustande kommen.

Marnie *Marnie* markiert auch jene Arbeit, bei der Hitchcock gleich mit mehreren langjährigen Mitarbeitern wie seinem Stammkameramann Robert Burks, seinem Komponisten Bernard Herrmann, seinem Cutter George Tomasini und mit Produktionsdesigner Robert Boyle ein letztes Mal zusammenarbeitet. Burks, der gleich zwölf Hitchcock-Filme fotografierte, stirbt auf tragische Weise bei einem Brand in seinem Haus. Ein großer, ein herber Verlust für Hitchcock. Auch Tomasini stirbt.

Und mit Herrmann schließlich überwirft sich Hitch bei der kompositorischen Anlage der Musik für *Torn Curtain*. Der Regisseur feuert den langjährigen Komponisten und Weggefährten und ersetzt ihn unter Druck von Universal-MCA durch John Addison. Schließlich ist es auch die letzte Zusammenarbeit mit Robert Boyle. Mit dem Wegfallen dieser so wichtigen Mitarbeiter steht Hitchcock plötzlich anders, wenn nicht beinahe allein da. Die essentiellen Positionen im Stab müssen neu besetzt werden, doch einen zweiten Robert Burks, einen zweiten Bernard Herrmann gibt es schlicht nicht. Sie zählten zu den tragenden Säulen des Hauses Hitchcock.

Die Periode der Misserfolge: *Marnie* und politische Versuche im Kalten Krieg (1964-1970)

Ein etwa einmonatiger Europa-Urlaub im Mai 1964 führt die Hitchcocks nach Italien, Jugoslawien und Monaco, wo sie mit Hitchs Lieblingsschauspielerin Grace Kelly, nun Fürstin Gracia Patricia, und deren Gatten, Fürst Rainier, gemeinsam essen, und auch nach Paris, wo sie Ingrid Bergman und auch François Truffaut besuchen. Im Anschluss an die Europareise folgt im Sommer eine Städtetour durch die USA, um *Marnie* zu bewerben – von New York über Washington bis nach Chicago, überall gibt Hitchcock Interviews, um sich später, als der Film in die Kinos kommt und die Pressereaktionen einhellig negativ ausfallen, für mehrere Wochen nicht mehr auf dem Universal-Studiogelände sehen zu lassen. Mit Misserfolgen konnte er noch nie gut umgehen, zumal die Rezeption von *Marnie* nach all den vorangegangenen Erfolgsfilmen und dem persönlichen Dilemma mit Tippi Hedren nun eine umso größere, gewissermaßen doppelte Niederlage für ihn darstellt: eine menschlich-emotionale ebenso wie eine künstlerisch-professionelle. Hinzu kommt der kommerzielle Misserfolg für die Universal.

Nach der Rückkehr aus dem Winterurlaub in St. Moritz erhält Hitchcock die Nachricht, dass ihm am 7. März 1965 seitens der Screen Producers Guild der »Milestone Award« überreicht werden wird. Immerhin, ein kleiner Lichtblick am Horizont.

Im Mai beschließt Hitchcock, einen Stoff aufzugreifen, mit dem er sich vormals schon beschäftigt hatte: Er möchte ein Projekt über das Abtauchen der beiden britischen Diplomaten Guy Burgess und Donald MacLean angehen, die für die Sowjetunion spionierten und 1951 nach Russland flohen. Dabei beschäftigt ihn vor allem die Frage, wie wohl Mrs. MacLean mit alldem umgegangen ist: Wusste sie von den Plänen ihres Mannes und wenn, dann was? Und wie ging sie damit um? Die Drehbucharbeit mit Brian Moore erstreckt sich über die gesamte zweite Jahreshälfte 1965, und ganz abgeschlossen ist sie selbst zu Drehbeginn im November noch nicht. Die

Torn Curtain — Dreharbeiten zu *Torn Curtain* (*Der zerrissene Vorhang*), wie der 50. Hitchcock-Film inzwischen betitelt ist, finden primär in den Universal-Studios sowie in Westberlin statt. Einige Sequenzen werden von einem deutschen Second-Unit-Team gedreht, über dessen schlechte Arbeit Hitchcock sich schließlich ärgert. Für einige der allzu deutlich erkennbaren Rückprojektionen werden illegal in der DDR entstandene dokumentarische Aufnahmen verwendet, bei anderen Aufnahmen setzt Hitchcock Matte-Paintings, auf Glas oder Leinwand gemalte Kulissen, ein.

Hitchcock gibt — *Torn Curtain*, der zu den wenigen mittelmäßigen Arbeiten *Paul Newman* — Hitchcocks zählt und mit Julie Andrews und Paul Newman *Anweisungen,* — besetzt ist, dürfte vor allem durch eine fünfminütige, schier *Wolfgang Kieling* — quälend lang anmutende Mordsequenz bestehen bleiben. Diese *im Gasofen zu* — schockierende, ohne jegliche Musik auskommende Sequenz, *erdrosseln* — in der Wolfgang Kieling als Stasiagent Gromek schließlich

mit dem Kopf im Gasofen endet, übersteigt in ihrem kalten Realismus beinahe noch den überhöhten Horror des Duschmords aus *Psycho* auf der Ebene der sichtbaren Gewaltdarstellung. Dass die brutale Ermordung just eines Deutschen in einem Gasofen Assoziationen zum Holocaust evoziert, mag offensichtlich sein. Ob dies Hitchcocks wirklicher Intention entspricht, bleibt jedoch offen.

> »Mit dieser sehr langen Mordszene wollte ich mich einmal gegen ein Klischee absetzen. Im Allgemeinen passieren in Filmen die Morde sehr schnell, ein Messerstich, ein Schuß, und meistens nimmt sich der Mörder nicht einmal die Zeit, nachzuschauen, ob sein Opfer auch wirklich tot ist. Deshalb dachte ich, es wäre an der Zeit, einmal zu zeigen, wie schwierig, mühsam und zeitraubend es ist, einen Mann umzubringen.« (Hitchcock über die Mordsequenz in *Torn Curtain*; Truffaut 1999, S. 265)

Nachdem es 1967 äußerst still um ihn geworden ist, er anscheinend auch kein neues Projekt verfolgt oder sich überhaupt der Arbeit widmet, erhält Hitchcock im April und Mai 1968 zwei Auszeichnungen: Zunächst verleiht ihm die Academy of Motion Picture Arts and Sciences den »Irving G. Thalberg Memorial Award«. Kurz darauf ernennt ihn die Universität von Kalifornien in seinem zweiten Wohnort Santa Cruz zum Ehrendoktor.

Und in diesem Mai schließlich gibt Alfred Hitchcock auf einer Pressekonferenz bekannt, dass er an einem neuen Projekt arbeite, *Topaz*, nach dem gleichnamigen Bestsellerroman von *Topaz* Leon Uris. Die Ankündigung Hitchcocks, einen weiteren politisch motivierten Spionagethriller zu drehen, der zu Zeiten der Kuba-Krise 1962 spielt, fällt just in einen politisch aufgeheizten Zeitraum zwischen den beiden Attentaten auf Martin Luther King und John F. Kennedy. Doch auch dieses Projekt soll ihm kein Glück bringen. Das Drehbuch, das zunächst Romanautor Uris selbst verfasst, verwirft Hitchcock wieder. Und so ruft er Samuel Taylor an, der ihm einst *Vertigo* schrieb. Die Zeit ist derart knapp bemessen, dass zu Drehbeginn kein fertiges Buch vorliegt. Ein für Hitchcocks Verhältnisse untragbarer Umstand. Teils werden einzelne Szenen gedreht, nur wenige Stunden nachdem die entsprechenden Drehbuchseiten von Samuel Taylor geliefert wurden. Eine zwangsläufig unstrukturierte und improvisierende Art des Arbeitens, die Hitchcock überhaupt nicht entspricht, bedeutet es doch auch einen nicht zu unterschätzenden Kontrollverlust.

Die Dreharbeiten zu *Topaz*, des mit einem Viermillionendollar-Budget bis dahin teuersten Hitchcock-Films, finden in der ersten Jahreshälfte 1969 statt. Auf drei großen Studiobühnen werden bei Universal die Dekorationen vieler der auf Kuba spielenden Szenen nachgebaut, wie das »Theresa Hotel« in Harlem, und der New Yorker Flughafen »La Guardia«. Zuvor geht es für die Außenaufnahmen »on location« nach Kopenhagen, Paris, Washington, New York und nach Wiesbaden. Der Dreh wird im Spätsommer 1969 abgeschlossen, und an der Postproduktion nimmt Hitchcock, wenn überhaupt, nur noch mit ausgeprägtem Desinteresse teil. Sein eigener Film, so scheint es, interessiert ihn nicht mehr, er langweilt sich regelrecht dabei. Vielleicht, weil es, ähnlich wie schon *Torn Curtain*, nicht wirklich sein ureigener Film ist, sondern vielmehr ein Konglomerat aus vielen unglücklichen Umständen. Nicht zuletzt jenem, gleich mehrere disparate Fassungen des Schlusses drehen zu müssen, da über diesen zwischen Universal und Hitchcock kein wirklicher Konsens besteht. Die dritte Fassung, aus bereits bestehendem Material behelfsweise zusammengeschnitten, ist – nachdem die beiden anderen von ausgewähltem Previewpublikum und -kritik abgelehnt werden – diejenige, mit der der Film schließt. Für Hitchcock, wie er selbst unzufrieden sagt, auch dies »ein Kompromiss«.

Im September wird Hitchcock zum »Officier des Arts et des Lettres« ernannt. Und die Premiere von *Topaz* findet schließlich am 19. Dezember 1969 in New York statt. Zuvor absolviert Hitchcock eine knapp dreiwöchige Werbetour, bei der er mittels eines von Universal bereitgestellten Privatjets rund 50 Städte besucht, unzählige Interviews gibt und in diversen Fernsehshows auftritt. Da ist er 70 Jahre alt. Doch all die Anstrengungen nutzen nichts: Der dramaturgisch verworrene, elliptisch angelegte und personell überfrachtete, zudem überlange Spionagefilm dürfte zu den Tiefpunkten in Hitchcocks Karriere zählen. Das öffentliche Interesse ist gering, bei Publikum und Presse fällt er durch, und abermals steht Hitch vor der von Mal zu Mal neuralgischer werdenden Frage, wie es weitergeht.

Er verbringt im folgenden Jahr viel Zeit damit, nach einem neuen geeigneten Hitchcock-Stoff zu suchen, indem er noch mehr liest, als er dies sonst schon tut: Romane, Biographien, Sachbücher über Politik. Und so, wie er sich vornimmt, weni-

Leben

ger zu reisen – »auf diese Weise kann ich um sechs Uhr bei Madame zum Abendessen sein« –, so schenkt er das Anwesen in Santa Cruz, das ihm mittlerweile eine Last ist, seinem Anwalt und seinem Agenten, nicht zuletzt, um hieraus Steuervorteile zu erlangen. Und irgendwann im Lauf dieses ruhigeren Jahres gibt ihm ein Universal-Mitarbeiter den 1966 erschienenen Roman *Goodbye Piccadilly, Farewell Leicester Square* des englischen Autors Arthur La Bern zu lesen. Hieraus wird *Frenzy* entstehen.

Frenzy,
vgl. S. 123 ff.

Rückkehr in die Heimat: *Frenzy*, ein Comeback an der Themse (1971-1975)

Als am 31. Dezember 1970 auf einer New Yorker Silvesterparty das Telefon klingelt und dieses an Anthony Shaffer weitergereicht wird mit dem Hinweis, die Person am anderen Ende der Leitung stelle sich als Alfred Hitchcock vor und wolle ihn umgehend sprechen, da geht der Drehbuchautor zunächst von einem Scherz zum Jahresende aus. Doch er irrt, nach längerem Zuhören wird ihm klar: Es ist tatsächlich Hitchcock selbst. Dieser möchte von ihm wissen, ob er interessiert daran sei, ein Drehbuch für ihn zu verfassen. Das Projekt trägt bereits zu diesem Zeitpunkt einen Titel, nämlich *Frenzy*. Shaffer feiert gerade mit seinem zwei Jahre später auch von Joseph L. Mankiewicz verfilmten Bühnenstück *Sleuth* (*Mord mit kleinen Fehlern*, 1972) in London und New York Erfolge. Nachdem er sich einige Filme des Meisters erneut angesehen und Arthur La Berns Roman gelesen hat, willigt er ein, und fortan treffen sich Regisseur und Drehbuchautor Tag für Tag im Büro auf dem Universal-Studiogelände. Schon Anfang März 1971 ist das Treatment fertig.

Die Arbeit an *Frenzy* geht zügig voran, doch im März wird sie kurzfristig unterbrochen, da Hitchcock einmal mehr eine Ehrung zuteil wird, diesmal überreicht durch eine Angehörige des britischen Königshauses, Prinzessin Anne. Die Verleihung der Ehrenmitgliedschaft der Society of Film and Television findet in der Londoner Royal Albert Hall statt, dort, wo er einst das Finale von *The Man Who Knew Too Much* spielen ließ. Und während die Vorbereitungen für Hitchcocks 52. Film

»Das Mittagessen war immer gleich, Tag für Tag – ein kleines Steak mit Salat. Eines Tages beklagte ich mich sehr sanft über die Eintönigkeit. Das hätte ich nicht tun sollen. Am nächsten Tag kam ein von ›Chasen's‹ zubereitetes 15-Gänge-Menü, das an meiner Tischseite aufgebaut wurde. Hitch aß natürlich sein kleines Steak mit Salat. – Und, jeden Nachmittag um Punkt vier Uhr stand die Arbeit still, wenn er eine Karaffe mit Daiquiri bringen ließ und das Gespräch sich Hollywoodklatsch zuwandte, der ihn manchmal mehr als alles andere zu interessieren schien.« (Autor Anthony Shaffer über die Drehbucharbeit an *Frenzy*; Spoto 1986, S. 597).

anlaufen, wird er noch im Juni in Paris zum Ritter der Ehrenlegion der Cinémathèque Française durch deren Leiter Henri Langlois ernannt. Im Sommer 1971 ist es schließlich so weit: Alfred Hitchcock kehrt nach 22 Jahren in seine Heimat London zurück, um hier bis Herbst *Frenzy*, seinen vorletzten Film, zu drehen. Und Hitch zelebriert diese Rückkehr, das ist in *Frenzy*, der zweifelsohne seit *The Birds* seine gelungenste Arbeit darstellt, ganz eindrücklich zu sehen. Das hier, das ist *sein* London, das er liebevoll und detailbesessen in seinem ureigenen Stil nachzeichnet. Ein London freilich, das in gewisser Weise old fashioned ist, anachronistisch. Es ist dies auch eine Rückkehr zu den Wurzeln, zu den Anfängen. Und ausgerechnet hier, inmitten der Dreharbeiten in London, erleidet Alma im »Claridge's Hotel« einen Schlaganfall und muss umgehend nach Los Angeles zurückgeflogen werden. Für Hitchcock eine ungewohnte und zugleich unkontrollierbare Situation. Er muss *Frenzy* ohne Alma fortsetzen. Seine wichtigste Bezugsperson fehlt nun. Sein Halt fehlt. Doch trotz dieses Mankos, trotz der Sorge Hitchcocks um seine Frau und einer von Mitarbeitern beobachteten zunehmenden Bitterkeit wird *Frenzy* pünktlich Anfang Oktober nach 55 Drehtagen abgeschlossen. Im Frühjahr 1972 zeichnet die Hollywood Foreign Press Association Hitchcock mit dem »Golden Globe« aus. Und wenige Monate später verleiht ihm die Universität von Columbia die Ehrendoktorwürde. Dazwischen findet die Welturaufführung von *Frenzy* statt, die am 25. Mai 1972 als festliche Galapremie-

Nach 22 Jahren: London

Schlaganfall Almas

re mit anschließendem Dinner in London ausgerichtet wird. Im Sommer desselben Jahres läuft zunächst auch die einmonatige Werbekampagne für den Film in den USA, und die amerikanische Presse reagiert – im Gegensatz zur britischen – überwiegend positiv bis überschwänglich. Im darauffolgenden Herbst tritt Alfred Hitchcock zusammen mit Alma, deren Genesung nicht zuletzt dank ihres starken Willens gute Fortschritte gemacht hat, eine Pressereise nach Europa an, mit Station in London und Paris, in Rom und Zürich sowie in München. Klug und umsichtig, wie er ist, dürfte er dabei selbst am besten wissen, dass *Frenzy* sein letzter großer Erfolg sein wird. Sich nun zur Ruhe zu setzen kommt für den mittlerweile 72-Jährigen dennoch nicht infrage. Den wohlwollenden Ratschlägen von Bekannten begegnet er mit dem lakonischen Hinweis: »Ich habe keine Hobbys, also werde ich einfach sehen müssen, wo die nächste Leiche auftaucht.« (Spoto 1986, S. 611)

Von Januar bis Anfang Februar 1973 richtet das Los Angeles County Museum of Art eine Retrospektive von Hitchcocks Filmen aus. Es ist ein ruhiges Jahr, ein eher untätiges auch, was für Hitchcock nie gut ist. Sein Leben, das sind seine Filme. Er erreicht nunmehr erneut ein Körpergewicht von etwa 150 Kilogramm, das er seit *Rebecca* nicht mehr hatte. Auch sein Alkoholkonsum nimmt zu. Erst im Oktober geht er sein nächstes Projekt an. Zu Drehbuchbesprechungen trifft er sich mit Ernest Lehman, der einst *North by Northwest* schrieb, und die Bucharbeit soll sich bis weit in das folgende Jahr erstrecken. Als Vorlage dient der im Vorjahr erschienene Roman *The Rainbird Pattern* des englischen Autors Victor Canning. Am 29. April 1974 wird Hitchcock durch die New Yorker Film Society of Lincoln Center gewürdigt, die ihre alljährlich stattfindende Gala dem Altmeister widmet, der nun auch zunehmend in der akademischen Welt Anerkennung und Wertschätzung erfährt. Hitchcock, der zusammen mit Alma und Fürstin Gracia Patricia für die Gala am Lincoln Center vorfährt, wird mit einer Kompilation aus Filmausschnitten geehrt, die er im Anschluss mit einer aufgezeichneten Dankesrede kommentiert.

New Yorker Gala

»Wie Sie gesehen haben, scheint Mord mein liebstes Thema zu sein. Da ich die Welle der Gewalt, die zur Zeit über unsere Bildschirme flimmert, nicht mag, wollte ich das Thema Mord immer auf delikate Weise abhandeln. Und darüber hinaus denke ich, daß Mord mit Hilfe des Fernsehens zu den Leuten nach Hause gebracht werden sollte. Denn genau da gehört er hin. Viele unserer exquisitesten Morde wurden zu Hause begangen. Einfühlsam durchgeführt, an vertrauten Orten, wie auf dem Küchentisch oder in der Badewanne. Nichts hat mein Anstandsgefühl je mehr erschüttert als ein Verbrecher aus der Unterwelt, der fähig war, jeden Beliebigen umzubringen – selbst ohne ihm vorher ordentlich vorgestellt worden zu sein. Sicherlich werden Sie mir auch alle zustimmen, daß es für ein Opfer wesentlich charmanter und angenehmer ist, in einer hübschen Umgebung von wirklichen Damen oder Gentlemen, so wie Sie alle es sind, umgebracht zu werden. […] Man erzählt mir, daß jede Minute ein Mord begangen wird, deshalb, meine Damen und Herren, möchte ich Ihre Zeit nicht vergeuden. Ich weiß, Sie wollen sich an die Arbeit machen. Danke schön.« (Hitchcock anlässlich einer Ehrengala in New York 1974; Spoto 1986, S. 618 f.)

Im Oktober muss Hitchcock die Bucharbeit erneut unterbrechen: Ihm wird ein Herzschrittmacher implantiert, kurz darauf müssen Nierensteine entfernt werden. Sein gesundheitlicher Zustand verschlechtert sich zunehmend. Für viele ist er nicht mehr der Alte, der mit seinem trocken-makabren Humor und seiner geradezu diabolischen Subtilität sein Umfeld einzunehmen weiß.

Die endgültige Drehbuchfassung des neuen Projekts ist schließlich im April 1975 fertig, da sitzt Hitchcock bereits daran, den ganzen Film Einstellung für Einstellung wie stets in einem gezeichneten Storyboard anzulegen. Am 12. Mai 1975 beginnen die Dreharbeiten. Hitchcock leidet unter Erschöpfungszuständen, überdies verschlimmert sich seine Arthritis. Oftmals wirkt der müde Regisseur

François Truffaut, Grace Kelly, Alfred Hitchcock in New York, 1974

desinteressiert an seinem eigenen Film. Einmal, bei Umbauarbeiten am Set, sagt Hitch zu seinem Hauptdarsteller Bruce Dern: »Bruce, weck mich auf, wenn der Film zu Ende ist.« (Spoto 1986, S. 623)

Am 18. August 1975 sind die Dreharbeiten des letzten Hitchcock-Films abgeschlossen. Inzwischen ist auch ein passender Titel für den Film gefunden: *Family Plot* (*Familiengrab*), dessen Zweideutigkeit sich jedoch nur im Originaltitel widerspiegelt, kann es sich dabei doch sowohl um eine familiäre Intrige handeln als auch um ein Familiengrab.

Family Plot erzählt von einer doppelten, im Grunde gespiegelten Paarkonstellation. Es sind dies zwei gesellschaftlich sehr disparate Paare aus unterschiedlichen Schichten. Die gewissermaßen symmetrisch angelegte Doppelgängermotivik zieht sich durch den ganzen Film, einer großen Parallelmontage gleich, bis die Paare schließlich aufeinandertreffen. Jeder spielt in dieser schwarzen Komödie eine Rolle, weiß nicht wirklich um seine wahre Identität, ist stets ein anderer.

Seinen letzten Cameo-Auftritt, auf den er das Publikum immerhin 40 Minuten lang warten lässt, absolviert Hitch gewissermaßen indirekt. Seine markante Silhouette ist als Schatten hinter einer Glastür stehend zu erkennen. Und auf der Glastür ist die Aufschrift »Registrar of Births & Deaths« zu lesen. Er hebt die rechte Hand und redet auf eine gegenüberstehende weibliche Person ein – das lässt freilich Raum für Interpretationen. Es mag, vielleicht, auch eine Abschiedsgeste an sein weltweites Publikum sein.

Nach Abschluss der Dreharbeiten scheint im Herbst bei Hitchcock latent die Gefahr eines Herzinfarktes zu bestehen. Doch ist es Alma, die einen zweiten Schlaganfall erleidet, sodass das Gehen auch für sie immer schwerer wird. Beider Stimmung ist, ob ihrer gesundheitlichen Rückschläge, gedrückt. Sie beschließen dennoch, wieder ins winterliche St. Moritz zu reisen, wo sie schon so viele Jahreswechsel miteinander verbracht haben. Eben zu die-

Family Plot

Letzter Cameo-Auftritt

Der letzte Cameo-Auftritt Hitchcocks: als sein eigener Schatten, 1976

ser Zeit, just am 24. Dezember 1975, stirbt Hitchcocks ehemaliger langjähriger Stammkomponist Bernard Herrmann in Hollywood.

Die letzten Jahre: Krankheit, Sucht, Depression, Tod (1976-1980)

Die letzten Lebensjahre sind schwer. Nach der Uraufführung von *Family Plot* am 21. März 1976 auf dem Filmfestival von Los Angeles und dem sich daran anschließenden Kinostart im April, zu dem er Fernsehinterviews gibt und die Werbetrommel ein letztes Mal rührt, wird es stiller um Hitch.

Die Arthritis plagt Alfred Hitchcock sehr, sich zu bewegen gerät zur Tortur. Die Knie schmerzen ihn zuweilen derart, dass er sich nur noch an den Wänden entlangbewegt. Immer wieder stürzt er. In diesen letzten Jahren benutzt er zu Hause manchmal einen Rollstuhl. Wenn er aus dem Haus geht, zu seinem Bungalow etwa auf dem Universal-Gelände, nimmt er öfter einen Stock. Zu alldem kommt der übermäßige Alkoholkonsum – der Wein, der Wodka, die Brandys – nicht zuletzt auch, um die Schmerzen zu betäuben. Die Entziehungskur, der er sich schließlich gegen Ende des Jahres 1978 unterziehen wird, bleibt nur von recht kurzfristiger Wirkung. Er ist deprimiert, lebt isoliert, äußert in Gesprächen seine Verbitterung über das Leben, fühlt sich einsam, obgleich doch die ebenfalls sehr kranke und durch ihre Schlaganfälle geschwächte Alma stets bei ihm ist. Sie gehen kaum mehr aus dem Haus in der Bellagio Road. Und inzwischen muss er sich mehr um sie kümmern, auch sind täglich Krankenschwestern da. Auf einem Sideboard sind Dutzende Medikamente ordentlich aufgereiht. Die wenigen Besucher, die Hitchcock in den späten Jahren noch empfängt, berichten von einer drückenden Krankenhausatmosphäre, die dieses Haus durchzieht.

Im Frühjahr desselben Jahres arbeitet Hitchcock an seinem nächsten Projekt. Er sitzt mit Ernest Lehman an dem Drehbuch zu *The Short Night*. Und Lew Wasserman – langjähriger Wegbegleiter Hitchcocks und sein Agent sowie Studioboss der Universal – gewährt dem Regisseur weiterhin alles, um diesen Film vorzubereiten. Es sei ihm ein paar Millionen Dollar

The Short Night

wert, Hitch glücklich zu machen, heißt es. Ein kleines Team reist nach London und Helsinki, um vor Ort auf Motivsuche zu gehen, ist dieser Spionagestoff, der auf dem gleichnamigen Roman von Ronald Kirkbride sowie auf dem Buch *The Springing of George Blake* von Sean Bourke basiert, doch zu Teilen in der britischen Hauptstadt und in Skandinavien angesiedelt.

Die partiell auf historischen Begebenheiten beruhende Geschichte erzählt von dem Doppelagenten Gavin Brand (real: George Blake), der sich als britischer Spion ausgibt, jedoch eigentlich für die Sowjets arbeitet. Es geht in Hitchcocks letztem Stoff aber nicht nur um Spionage, sondern auch und abermals um Liebe.

Nach Abschluss der Drehbucharbeit mit Ernest Lehman engagiert Hitchcock im Herbst 1978 den Autor und Journalisten David Freeman, um das Buch nochmals zu überarbeiten. Immer wieder treffen sich Hitchcock und Freeman bis Mai 1979, mal bei den Hitchcocks zu Hause, wo, ganz selten nur, auch Alma dabeisitzt, oder aber öfter im Bungalow-Büro bei Universal. Sie reden über Spionage und über Gefängnisausbrüche. Sie sehen sich Fotos und Pläne des Gefängnisses Wormwood Scrubs an. Sie sprechen über die Figuren. Doch wirklich am Drehbuch arbeiten, das geschieht immer seltener. Wenn Alma dabei ist, im Hintergrund auf dem Sofa des Arbeitszimmers sitzt, dann dreht Hitch vor ihr noch mal so richtig auf, beschreibt blumig die Sequenzen, so, als ob er gerade ihr versichern wolle, dass alles noch möglich sei. Es mag für Hitchcock selbst wie ein schleichender Abschied von seiner lebenslangen Tätigkeit sein. Gewiss, es soll sein nächster Film werden, allen will der mittlerweile 78-jährige Hitch noch einmal zeigen, dass er immer noch da ist. Doch wird es dazu nicht mehr kommen, *The Short Night* wird nicht mehr realisiert.

Am 7. März 1979 wird Alfred Hitchcock mit dem »Life Achievement Award« des American Film Institute ausgezeichnet. Eine weitere und späte Ehrung für ihn, der nie einen »Oscar« erhielt. Die Veranstaltung wird im Fernsehen vor einem Millionenpublikum übertragen, und es ist so ziemlich alles da, was in Hollywood Rang und Namen hat. Nicht zuletzt all die großen Hitchcock-Stars, von Ingrid Bergman, die hier als

»Life Achievement Award« des American Film Institute

Gastgeberin durch den Abend führt, über Tippi Hedren und Janet Leigh, Anthony Perkins, Sean Connery und Henry Fonda bis hin zu Cary Grant und James Stewart. Letzteren beiden, die als die Einzigen in jeweils vier Hitchcock-Filmen mitspielten, wird die Ehre zuteil, direkt neben dem Geehrten am Tisch sitzen zu dürften. An Hitchs rechter Seite, das versteht sich von selbst, sitzt Alma. Hitchcock besteht darauf, nach der Ankündigung im verdunkelten Saal in einem Lichtkegel ein letztes Mal aufzutreten, indem er sich vom Gang draußen durch die Menschen hin zum Tisch bewegt. Es gibt die ersten Standing Ovations, als sein Name zu hören und er dann im Lichtkegel zu sehen ist. Mit teils schmerzverzerrtem Gesicht schleppt er sich mühsam durch die wartende Menge, bleibt ostentativ bei einer blonden Frau stehen, die er grüßt, und kommt schließlich an den Tisch, wo die wartende Alma ihm seinen Platz neben sich weist. Beide, wie sie da nun sitzen, haben den denkbar größten Energieaufwand erbracht, trotz ihrer körperlichen Beschwerden diese Veranstaltung persönlich wahrnehmen zu können. Das Schmerzliche an diesen Bildern ist der sichtbare Abbau insbesondere Hitchcocks. Wie Alma und Alfred Hitchcock da an diesem großen gedeckten Tisch sitzen, beinahe dahinter verschwinden, inmitten all der anderen Dinnertische der opulenten Galashow, das hat etwas Verlorenes, etwas sehr Wehmütiges. Stellenweise wirkt es so, als seien sie beide nicht mehr von dieser Welt. Auch François Truffaut gehört zu den verschiedenen Laudatoren und Gratulanten des Abends. So viel Anerkennung und Respekt und Zuneigung wird dem »Master of Suspense« zuteil, der dies alles scheinbar vollkommen unberührt, mit stoischer Miene zur Kenntnis nimmt.

Die Verleihung des AFI »Life Achievement Award«, Hitchcocks vorletzter öffentlicher Auftritt, März 1979

Schließlich ist es an Alfred Hitchcock, zu danken. Unter großen Mühen erhebt er sich vom Stuhl, fällt einmal in die-

sen zurück, erhebt sich erneut und hält seine vorher aufge-
zeichnete Dankesrede, nicht ohne abermals die Legende um
seinen fünfminütigen Gefängnisaufenthalt als sechsjähriger
Junge zum Besten zu geben. Der bewegendste Moment dieser
Rede ist gewiss jener, in der er genau vier Personen seines Lebens dankt – und dabei nur eine meint: seine Alma.

> »Die erste der vier ist eine Cutterin, die zweite ist eine Dreh-
> buchautorin, die dritte ist die Mutter meiner Tochter Pat und die
> vierte ist die beste Köchin, die Wunder in einer häuslichen Kü-
> che vollbrachte – und ihre Namen sind Alma Reville. (Applaus)
> Hätte die bezaubernde Miss Reville vor 53 Jahren nicht den Ver-
> trag auf Lebenszeit als Mrs. Alfred Hitchcock ohne Wenn und
> Aber akzeptiert, wäre Mr. Alfred Hitchcock heute Abend viel-
> leicht auch in diesem Saal anwesend, aber nicht an diesem Tisch,
> sondern als einer der langsameren Ober. Ich teile diese Aus-
> zeichnung mit ihr, so wie ich mein Leben mit ihr teile.« (Aus Hitch-
> cocks Dankesrede anlässlich der Verleihung des Life Achieve-
> ment Award durch das American Film Institute, 7. März 1979)

Eine Liebeserklärung. Es hat dabei etwas zutiefst Ergreifen-
des, wenn diese pragmatische und selbst so schwerkranke
Frau Alma Reville gänzlich ohne jedes Pathos kurz ihr Gesicht
hinter den Händen verbirgt und hinter ihrer wie stets überdimensional groß wirkenden Brille die Tränen in ihren Augen
zu sehen sind. Vielleicht wird in diesem Moment am deut-
lichsten, dass Hitch und Alma, Alma und Hitch, ohneeinan-
der nicht denkbar sind. »She was his soul«, sagt Schauspieler
Norman Lloyd einmal. Sie haben 53 Ehejahre hinter sich und
53 Spielfilme.

53 Ehejahre und 53 Spielfilme

Als Alfred Hitchcock nur zwei Monate später, am 9. Mai 1979,
sein Bungalow-Büro auf dem Studiogelände der Universal end-
gültig schließt, da ist ihm und allen klar, dass dies das Ende
einer Ära ist. Das Ende einer insgesamt 55 Jahre währenden
einzigartigen Regiekarriere. Die Arbeiten an *The Short Night*
werden eingestellt, das Drehbuch wird schließlich später einmal veröffentlicht (David Freeman: *The Last Days of Alfred
Hitchcock*. New York 1984). Alfred Hitchcock wird keinen
Film mehr drehen.

Das Ende einer Ära

»Meiner Meinung nach wurde meine Mutter eigentlich nie aus-
reichend dafür gewürdigt, was sie alles tat. Und das, obwohl
mein Vater keinen einzigen Film in Angriff nahm, ohne sie vorher das Drehbuch lesen zu lassen. Sagte sie Nein, verfolgte er
das Projekt nicht weiter. Das gilt übrigens auch für die Auswahl
der Darsteller, Autoren und vieles andere mehr. Sie war die
erste, die den fertigen Film sah, bevor man ihn zum Kopieren
gab. Bei *Psycho* etwa sagte sie: ›Du kannst den Film nicht
rausgeben.‹ Er fragte natürlich, warum. ›Na, weil Janet Leigh
noch atmet, als sie bereits tot ist.‹ Niemandem außer ihr war
es aufgefallen. Und lediglich die *Los Angeles Times* schrieb
nach ihrem Tod: ›Der Hitchcock-Touch hatte vier Hände, zwei
davon gehörten Alma.‹« (Patricia Hitchcock über ihre Mutter;
Gespräch mit dem Autor, Februar 1997)

Im August, kurz nach seinem 80. Geburtstag, besucht ihn Ingrid Bergman in Bel Air und erlebt einen gebrochenen Mann,
dessen starker geistiger und körperlicher Abbau nicht mehr
aufzuhalten ist. Alfred Hitchcock ist von einer tiefen Traurig-
keit erfasst. Der alte Regisseur und die zuvor an Krebs er-
krankte Schauspielerin reden über das Sterben. Er hat wieder
Angst. Nun vor dem Tod. Eine geradezu morbide, sehr me-
lancholische Stimmung liegt über dieser Wiederbegegnung.
Ingrid Bergman stirbt nur zwei Jahre später, an ihrem 67. Geburtstag.

Am 31. Dezember 1979 wird Hitchcock durch Queen Eliza-
beth II. noch zum »Knight Commander of the British Empire« ernannt. Da er nicht mehr nach England reisen kann,
erhält er den Ritterschlag stellvertretend vom britischen Ge-
neralkonsul in Los Angeles. Er ist nun Sir Alfred Hitchcock
und hat selbst hierzu noch ein paar Scherze parat: Er sei nun
»The Short Knight«, gibt er in Anspielung auf sein letztes Projekt zum Besten.

Am 16. März 1980 ist Alfred Hitchcock das letzte Mal öffent-
lich zu sehen, kurz nur. Er ist es, der diesmal die Laudatio im
Rahmen der Preisverleihung des American Film Institute hält.
Es hat Tradition, dass der letztjährige Preisträger den diesjäh-
rigen vorstellt. Zumal es nun James Stewart ist. Hitchcocks

Leben

Ansprache wird im »Beverly Hilton Hotel« aufgezeichnet, danach wird er wieder nach Hause gefahren, zur Abendveranstaltung erscheint er nicht mehr. In der Zeit danach geht es mit ihm rapide bergab – das Ende ist absehbar.

Und dieses Ende, es ist ganz still, ganz leise. Die Nieren versagen, so wie einst bei seiner Mutter. Es ist der Morgen des 29. April 1980. Gegen halb zehn Uhr morgens stirbt Alfred Hitchcock zu Hause in Bel Air, in seinem Bett. Die Familie ist bei ihm. Er sei friedlich eingeschlafen, heißt es.

Tod durch Nierenversagen

Als die Trauerfeierlichkeit in der Kirche des guten Hirten in Beverly Hills stattfindet, da ist die Verwunderung ob des fehlenden Sarges groß. Ein letzter Scherz des Meisters. Selbst hier noch will er alles in der Hand und unter Kontrolle haben, nichts dem Zufall überlassen. Eine katholische Feier mit jesuitischem Pater, formell und korrekt – und der Sarg fehlt. Hitch hatte zuvor seine Einäscherung bestimmt. Seine Asche, so hatte er es angeordnet, soll irgendwo am Pazifik verstreut werden, an der kalifornischen Küste. Am 8. Mai schließlich wird in der Londoner Westminster Cathedral eine Messe für den gebürtigen Engländer gelesen. Alma Reville, seine lebenslange Begleiterin und Mitarbeiterin, wird es ihm gut zwei Jahre später gleichtun. Sie stirbt am 6. Juli 1982, und auch Almas Asche wird am Pazifik verstreut. Es dürfte für sie selbstverständlich gewesen sein, ihrem Hitch auf diese Weise auch im Tod noch zu folgen.

Die Weltpresse titelt: Alfred Hitchcock ist gestorben, 29. April 1980

Werk

»Mentale Bilder« oder: »It's only a movie«

Person und Werk Alfred Hitchcocks sind weltweit präsent. Jahrzehnte nach seinem Tod sind seine Filme von einer einzigartigen Zeitlosigkeit. Zugleich geht damit faszinierenderweise einher, dass Hitchcock letztendlich ein Rätsel bleibt, ein Mysterium. Nicht nur, dass sich Aussagen von Mitarbeitern, Schauspielern und Bekannten sowie verschiedener Biographen (etwa Donald Spoto und John Russell Taylor) bis heute widersprechen und sich der Eindruck einstellt, sie alle sprächen von mindestens zwei grundverschiedenen Personen. Auch seine Filme, dieses die moderne Kulturgeschichte in allen möglichen Sparten seit Jahrzehnten nachhaltig prägende Werk, sind niemals allumfassend begreif- und interpretierbar. Hier sind denn auch primär jene Hitchcock-Filme besonders hervorgehoben, die exemplarisch für einzelne Perioden oder Gattungen stehen.

> »I call it dipping their toe in the cold waters of fear.« (»Ich nenne es ihren Zeh in die kalten Gewässer der Angst tauchen.«) (Alfred Hitchcock über sein Publikum; *The Dick Cavett Show*; 8. Juni 1972)

Hitchcocks Filme, das haben bereits die französischen »Nouvelle-Vague«-Veteranen vor Jahrzehnten konstatiert, kann man, einen jeden für sich, Dutzende Male gesehen haben, stets wird man wieder etwas Neues entdecken, was einem beim vorherigen Sehen entgangen ist. Ein singuläres Phänomen. Zu viele – technische, formale, stilistische, inhaltliche, transzendente – Ebenen sind in diesen »mentalen Bildern« (Gilles Deleuze) enthalten. Dieser Umstand des nie abgeschlossenen Sehens hebt das Werk des genialischen »Master of Suspense« denn auch von nahezu jedem anderen ab. Hitch selbst sagte stets über seinen neuesten Film oder auch, wenn eine von Versagensängsten geplagte Schauspielerin ihn am Set ansprach, in koketter Bescheidenheit: »It's only a movie.«

Die Filme (Auswahl)
The Thirty-nine Steps

(Die 39 Stufen) Großbritannien 1935. U.a. mit Robert Donat, Madeleine Carroll, Lucie Mannheim, Godfrey Tearle, John Laurie

Vielleicht ist es das prototypische Urmuster schlechthin: Ein Mann, er heißt hier Richard Hannay (Robert Donat), hält sich für ein paar Monate in London auf, geht eines Abends in ein Varieté, wo der Mann auf der Bühne, ein gewisser Mr. Memory (Wylie Watson), alle Fragen des Publikums beantwortet, seien sie auch noch so raffiniert. Plötzlich fallen zwei Schüsse, Aufruhr in der Menge, und eine wildfremde Frau (Lucie Mannheim) fragt Hannay, ob sie bei ihm unterkommen könne, sie brauche Schutz. In Hannays Wohnung gibt sie sich als (ausländische) Agentin zu erkennen, die verfolgt werde und gegen einen Spionagering namens »The 39 Steps« arbeite, der England schaden wolle. Es gehe um eine Geheimformel, die außer Landes gebracht werden soll. Dies ist hier der »MacGuffin«. Kurz darauf, Hannay liegt gerade auf seinem Bett, wird die Schlafzimmertür aufgestoßen und die Agentin wankt stammelnd auf ihn zu und bricht über ihm zusammen, mit einem Messer im Rücken. Es mag eine der bekanntesten Szenen aus diesem englischen Hitchcock-Klassiker sein, jene Ansicht zumal, in der die erstochene Frau auf dem unschuldigen Mann liegt, und sich überall an den Türen und Wänden Licht- und Schattenspiele abzeichnen, die Gitterstäbe der Fenster allenthalben Schatten auf die weißen Wände werfen. Die Ursituation ist geschaffen: Ein Unschuldiger wird in kriminelle Machenschaften verwickelt, wird selbst zum Verdächtigen – als vermeintlicher Mörder der Agentin – und ist fortan bemüht, mit allen Mitteln sowohl seine Unschuld zu beweisen als auch für Gerechtigkeit zu sorgen. Eine Odyssee.

Das prototypische Urmuster

Der unschuldig Schuldige

Als die Zugehfrau anderntags die Tür zu Hannays Zimmer öffnet und sich auf dem Fußboden der Schattenriss der Toten und des überdimensional großen Messers abzeichnet, da stößt sie, beinahe in die Kamera blickend, einen gellenden Schrei aus, der nahtlos übergeht in das schrille Pfeifen der Eisenbahn, des »Flying Scotsman«, in dem Hannay bereits sitzt. Ein genialer Übergang, technisch-stilistisch virtuos aufgelöst.

The Thirty-nine Steps, 1935

»Vertrauen gegen Vertrauen«, sagt Hannay zu dem Milch-
mann, als er diesen um seine Arbeitskleidung bittet, um sich
entsprechend zu verkleiden und überhaupt aus seinem eigenen, überwachten Wohnhaus zu kommen. Hannay verfolgt
die Spur der »39 Steps«, die ihn hoch in die schottischen
Highlands führt und zum Schluss wieder zurück nach London. Im Zug lernt er – neben zwei skurrilen Vertretern von
Damenunterwäsche – die aparte blonde Pamela (Madeleine
Carroll) kennen, die ihn sogleich – nachdem er sie aus der
Not heraus küsste, als die ihn verfolgenden Polizeibeamten
im Abteil suchen – an die Polizei verrät. Vertrauen und Ver-
rat, sie können dicht beieinanderliegen. Während des Kusses

Das Brillen-Motiv fällt Pamela die Brille herunter, ein Motiv, das bei Hitchcock
meist für Unheilvolles steht (vgl. *Strangers on a Train*, *The
Birds*). Für Hannay ist es nun ein doppelter, atemloser Wettlauf – gegen den Spionagering und gegen die Polizei.

The Thirty-nine Steps basiert auf der von Drehbuchautor
Charles Bennett bearbeiteten Romanvorlage des englischen
Schriftstellers John Buchan, den Alfred Hitchcock von jeher
sehr schätzt. Wie nicht selten bei Hitchcock ist die Adaption
eine recht freie, die um zahlreiche Motive und Begebenheiten
ergänzt ist. So etwa die Episode auf dem schottischen Bauern-
hof, auf dem Hannay vor seinen Verfolgern kurzfristig unter

> »Was ich an *The Thirty-nine Steps* besonders mag, sind die unvermittelten Übergänge. [...] Man muß eine Idee auf die andere folgen lassen und dabei alles der Schnelligkeit opfern.« (Hitchcock über die dramaturgische Struktur von *The Thirty-nine-Steps*; Truffaut 1999, S. 80 f.)

kommt und von der jungen Bäuerin den Mantel ihres argwöhnischen, religionsfanatischen älteren Gatten bekommt, der ihm letztlich das Leben rettet, als der Kopf des antibritischen Spionagerings, Professor Jordan (Godfrey Tearle), auf ihn schießt und die Kugel im Gebetbuch in der Mantelinnentasche des Bauern stecken bleibt. Die (katholische) Religion, sie scheint doch für etwas gut. Bevor Hannay Professor Jordans Haus betritt, flattert ein Vogel recht unkoordiniert, so, als ob er von rechts in den Bildkader hineingeworfen würde, durch die Szenerie. Der Vogel, der Vorbote dessen, was da Ungutes folgt. Das Aneinander-gekettet-Sein von Hannay und Pamela, der er in Schottland wiederbegegnet, durch die Handschellen, die Hannay durch Professor Jordans Schergen angelegt werden, entspricht dem öfter variierten Ringmotiv. Hitchcocks Schaffen ist voller solcher unzähliger werkimmanenter Verweise und Kontexte.

The Thirty-nine Steps ist eine gelungene Mischung aus Thriller und Romanze (und Traum) und kann nach all den vorangegangenen Arbeiten, die teils nicht mehr als Fingerübungen darstellen, als Grundierung jenes hitchcockschen Genres angesehen werden, in dem es um die Verfolgung des Individuums durch eine kafkaesk anmutende Macht geht. Hannay, das ist wie so viele ihm folgende Hitchcock-Helden, der unschuldig Schuldige, der von allen Seiten zu Unrecht Verdächtigte. Religiosität, (un-)freiwillig aneinander gebundene Paare, Identitätswechsel, Rollenspiel, Vertrauen versus Misstrauen – *The Thirty-nine Steps* antizipiert mit diesen Motiven und Themen verschiedene spätere Arbeiten und ist gerade etwa von *North by Northwest* (1959) ein früher Vorläufer.

Mr. Memory stirbt schließlich, und hier schließt sich der Kreis zur Anfangssequenz, als Professor Jordan aus der Theaterloge heraus auf ihn schießt, während er im Begriff ist, auf

Hannays Frage »Was sind die 39 Stufen?« auf der Bühne zu antworten. Er schafft es gerade noch, in Hannays Armen liegend, die von allen gesuchte Geheimformel aufzusagen.

Das Schlussbild von *The Thirty-nine Steps* zeigt in einer Rückenansicht, wie sich die Hände Hannays und Pamelas nähern und schließlich festhalten. An Hannays Hand sind noch immer die Handschellen befestigt, deren anderes Ende herunterhängt. Eines jener hitchcockschen Motive, die die Ambivalenz einer emotionalen Bindung andeuten, dieser gefährlichen Gratwanderung, bei der man stets links und rechts des Grats abstürzen kann, auch Hannay und Pamela – und alle ihnen folgenden Hitchcock-Paare.

Die Ambivalenz einer emotionalen Bindung

Rebecca

(Rebekka) USA 1940. U.a. mit Laurence Olivier, Joan Fontaine, Judith Anderson, George Sanders, Florence Bates

> »Gestern Nacht träumte ich, ich wäre wieder in Manderley. Ich stand vor dem eisernen Gitter der Einfahrt. Erst konnte ich nicht hineingelangen, denn der Weg war mir versperrt. Dann aber besaß ich plötzlich wie alle Träumenden übernatürliche Kräfte – wie ein körperloses Wesen ging ich durch das Hindernis hindurch.« (Joan Fontaines Off-Monolog in der Anfangssequenz; *Rebecca*, Synchronfassung; EuroVideo 2002)

Unter der Offstimme der Erzählerin, die die namenlose Protagonistin (Joan Fontaine) und spätere zweite Mrs. de Winter ist, fährt die Kamera den düsteren Weg hinauf, an Bäumen und Büschen vorbei, bis Schloss Manderley zu sehen ist: dunkel, verlassen, leblos, eine Ruine, vor langer Zeit schon abgebrannt. Diese irrealen Bilder der Exposition muten wie die eines Traumes an, es ist ein Schweben über diesem verschlungenen Weg. Und der Blick ist ein retrospektiver, ein Blick zurück in eine unheilvolle Vergangenheit, die einst an der lichtdurchfluteten französischen Riviera in Monaco so vielversprechend begann: Dort lernen sich die amerikanische namenlose Vollwaise und der britische wohlhabende Witwer Maxim de Winter (Laurence Olivier) kennen, als er gerade auf der Kante hoher Klippen steht und unter ihm das Meer tobt.

Der hitchcocksche Mensch am Abgrund. Es ist der Beginn einer Verbindung, die erst viele Hindernisse und Anfeindungen überstehen muss, bis sie, vielleicht, wirklich gelebt werden kann. Die sehr junge, sehr unerfahrene Namenlose – die ihren Vater gerade erst verloren hat und fortan von Maxim öfter wie ein Kind behandelt wird, das erst noch groß werden muss –, sie wird an der Seite Maxim de Winters einen schmerzlichen Bewusstwerdungsprozess durchleben. Das Paar reist zu de Winters Familiensitz, dem düsteren Manderley im südenglischen Cornwall, dort, wo alle Stoffe der Schriftstellerin Daphne du Maurier angesiedelt sind. Und aus der gleichermaßen anmutigen wie ungelenken Namenlosen wird Mrs. de Vgl. S. 33 Winter. Die zweite Mrs. de Winter. Die erste Ehefrau Maxims ist tot. Rebecca hieß sie. Und Rebecca ist bedrohlich präsent in den Zimmern und Fluren, Gängen und Hallen von Manderley, in denen Hitchcock die filigrane Joan Fontaine zeigt, wie sie suchend umherirrt, wie sie sich im doppelten Sinne verliert in diesen monströsen, weitläufigen, kalten Räumen. Dabei fröstelt sie immerzu. »Ich fühle mich hier so fremd«, sagt sie einmal zu dem Verwalter, einem Vertrauten Maxims. Hier, wo auf dem Schreibtisch noch das Briefpapier mit Rebeccas Initialen fein säuberlich aufbewahrt wird, wo ihre Kleider ordentlich im Schrank hängen und das Kissen mit dem eingestickten verschnörkelten »R« auf ihrem Bett liegt. Es ist, als könne sie jeden Augenblick wieder zugegen sein, als übe sie eine undefinierbare Allmacht über diesen Landsitz aus. »Man könnte fast glauben, sie müsse zur Tür hereinkommen, nicht wahr? Wenn ich durch das Haus gehe, hab ich oft das Gefühl, als ob sie ganz dicht hinter mir wär. Und plötzlich höre ich ihre Stimme«, sagt Mrs. Danvers einmal in Rebeccas Zimmer zur nahezu atemlos gequälten neuen Mrs. de Winter. Mrs. Danvers (Judith Anderson), die abgründige Haushälterin, die, stets mit streng zurückgestecktem Haar und in schwarzem Gewand, mit statuarischer Kälte auftretend, das Regiment über alle anderen Angestellten führt. Sie hat Rebecca obsessiv bewundert, ihren mysteriösen Tod nicht verwunden, und so macht sie der Neuen an Mr. de Winters Seite das Leben zur Hölle, rät ihr einmal sogar, als sie gemeinsam in

Rebeccas vollständig konserviertem Zimmer hoch oben am offenen Fenster stehen, doch einfach zu springen, es sei ganz leicht. Diese Schatten der Vergangenheit, die die Gegenwart des Paares mehr als eintrüben, machen das (Er-)Leben der Gegenwart nahezu unmöglich. Erst als Mrs. Danvers Manderley in Flammen legt und selbst darin umkommt – nachdem sich Rebeccas Tod als raffiniert inszenierter Selbstmord einer Krebskranken entpuppt hat –, scheint dem Paar eine Zukunft in Freiheit gewiss. Das Wissen jedoch um das Geschehene werden sie weiter in sich tragen.

Rebecca, 1940

Die Macht der Vergangenheit

Die Macht der Vergangenheit ist in *Rebecca*, dieser zutiefst romantischen Variation des Märchens vom Aschenbrödel, das zentrale Sujet. Damit einher geht die Frage nach der Identität. So scheint sich Rebecca, die Tote, mehr und mehr der neuen Mrs. de Winter, der Lebenden, zu bemächtigen, während diese mehr und mehr ihre eigene Identität zu verlieren droht. So, wie später einmal in *Vertigo* zwei Frauen einander ähneln sollen, eine nach dem Ebenbild der anderen erschaffen wird, so schwebt hier umgekehrt über allem Bemühen der neuen Mrs. de Winter der Schatten Rebeccas, so, als müsse die Lebende gegen eine Tote antreten, mit ihr konkurrieren.

Von elf »Oscar«-Nominierungen erhält *Rebecca* 1941 schließlich zwei Auszeichnungen: Einen »Oscar« als bester Film, der stets an den Produzenten, nicht an den Regisseur geht – hier also an Selznick –, den anderen bekommt George Barnes für die beste Kamera. Und Joan Fontaine, die in ihrem Habitus so sehr Ingrid Bergman und Grace Kelly antizipiert, wird von Hitchcock schon 1941 erneut engagiert, für ihre Rolle in *Suspicion*, für die sie dann den »Oscar« als beste Darstellerin erhält.

Shadow of a Doubt

(Im Schatten des Zweifels) USA 1943. U.a. mit Joseph Cotten, Teresa Wright, MacDonald Carey, Patricia Collinge, Henry Travers

Der Charlie und die Charlie. Der Onkel und die Nichte. Der Einzelgänger und die Familie. Philadelphia und Santa Rosa. Die Großstadt und die Kleinstadt. Das Weltmännische und das Spießige. Das Dunkle und das Helle. Das Böse und das Gute. Die Schuld und die Unschuld. Der Familienvater und der Freund. Der erste Polizist und der zweite Polizist. Der Täter und der vermeintliche Täter. Die Bar, die »Till Two« heißt, und die Uhr, die zwei Uhr nachts anzeigt. Zwei. Doppelt. Doppelung. Symmetrie. Dichotomie. Duplizität.

Alles in Alfred Hitchcocks *Shadow of a Doubt* hat seinen Spiegel, sein Pendant, sein Äquivalent. Niemand tritt allein auf, nichts geschieht einmalig und eindimensional. Alles ist von einer tiefen Ambivalenz durchzogen. Dabei verwischen sich die Grenzen, nimmt das Helle auch dunkle Züge an und sind im Dunklen durchaus helle Züge auszumachen.

Das Dunkle und das Helle

Shadow of a Doubt, eine der besten Arbeiten Hitchcocks, ist zudem sein erster wirklicher amerikanischer Film, angesiedelt in einer Durchschnittskleinstadt, im kalifornischen Santa Rosa. Für das Drehbuch kann Hitchcock den renommierten US-Schriftsteller Thornton Wilder (*Our Town*, 1938) gewinnen, der eine originäre Idee des Autors Gordon McDonnell ausarbeitet; Sally Benson, Alma und Hitch sind an den letzten Buchfassungen beteiligt.

Thornton Wilder

Charlie Newton (Teresa Wright) langweilt sich im allzu beschaulichen Santa Rosa. Sie liegt angekleidet auf ihrem Bett im ersten Stock im weißen Einfamilienhaus der Newtons, die

Arme offen unter dem Kopf verschränkt. Ihrem Vater, dem gutmütigen Bankangestellten Joseph »Joe« Newton (Henry Travers), sagt sie, als dieser heimkommt: »Ein Tag ist wie der andere und nichts passiert. Wir sind richtig festgefahren. [...] Was soll denn bloß aus uns werden?« (Alle Dialogauszüge: *Shadow of a Doubt*, Synchron- und/oder Originalfassung; DVD Universal 2001) Da muss sie an ihren Onkel Charlie Oakley (Joseph Cotten) denken – »einen Menschen, der uns allen wieder Auftrieb gibt, der uns auf andere Gedanken bringt«. Einen, der diese lastende miefige Leere aufbricht. Mutter Emma (Patricia Collinge) – die denselben Vornamen trägt wie Hitchcocks Mutter – hört ihrer ältesten Tochter überrascht zu. Ewig haben sich die Geschwister nicht mehr gesehen, Emma liebt ihren fernen Bruder sehr. Charlie, das ist ihr jüngerer Bruder, das »Baby«, wie sie ihn damals alle nannten, der, seit er einen Unfall hatte, irgendwie nicht mehr derselbe ist. Derweil liegt Charles Oakley angekleidet auf einem Bett in einer heruntergekommenen Pension in Philadelphia, die Hände verschlossen auf seinem Bauch, zwischen den Fingern eine Zigarre. Auf dem Nachttisch und auf dem Boden liegt, achtlos verstreut, Geld herum.

»Miss Henderson, glauben Sie an Telepathie?«, fragt Nichte Charlie euphorisch auf dem Postamt die Angestellte, als sie ein Telegramm an ihren Onkel aufgeben will, ob er sie nicht besuchen wolle – und just eines von diesem erhält, seine Ankunft in Santa Rosa mitteilend. Zwei Köpfe, ein Gedanke. Charles Oakley muss fliehen, sucht Schutz bei der fernen Familie. Auf der Zugfahrt von Philadelphia nach Santa Rosa absolviert Hitch seinen Cameo-Auftritt, mit dem Rücken zur Kamera sitzend, mit seinem Gegenüber Karten spielend. Als Onkel Charlie mit dem Zug am Bahnhof von Santa Rosa eintrifft, verdunkelt sich der Himmel vom Rauch der Lokomotive und ein Schatten legt sich kurz über die Szenerie. Es ist, als ob das Böse Einzug halte. Als sie alle vom Bahnsteig zum Wagen gehen, da laufen Charlie, ihr Vater Joe sowie ihre beiden jüngeren Geschwister Ann (Edna May Wonacott) und Roger (Charles Bates) in einer Reihe vorneweg, und Onkel Charlie läuft direkt hinter Nichte Charlie, mit wenigen Metern Ab-

Joseph Cotten

Werk

stand. Es ist, als ob ihr eigener Schatten ihr folgen würde, als ob das Dunkle unmittelbar hinter dem Hellen stünde. Die Gespaltenheit, die nur in der völligen Symbiose beider Elemente zum Ganzen, zur Einheit führt. Und genau dieser Zustand ist nicht lebbar.

Charlie und Charlie halten sich nach der Übergabe der vom Onkel mitgebrachten Geschenke am abendlichen Essenstisch kurz in der Küche auf, nur sie beide, unter vier Augen. Charlie will kein Geschenk von ihrem Onkel, seine Anwesenheit, die sei ihr Geschenk genug, mehr brauche sie nicht, um glücklich zu sein. Das sagt sie ihm mit großer Zugewandtheit und einem Strahlen im Gesicht. Diese Szene hat im Verlauf nahezu etwas Inzestuöses. Bevor anderntags Onkel Charlie erst beim Abendessen in der Familie, dann, später in der schäbigen Bar »Till Two«, in die er Charlie führt, zwei abgründige Monologe hält, ist es zunächst der Monolog von Charlies Nichte, der Licht auf beider komplexe ambivalente Konstellation wirft.

Shadow of a Doubt, 1943

> »Onkel Charlie, wir haben uns so gefreut, dass du gekommen bist. Ich bin so glücklich, dass ich so heiße wie du und dass Mutter sagt, wir wären uns so ähnlich. Und ich glaube, es stimmt auch. Ich weiß es sogar. [...] Weil wir mehr sind als nur Onkel und Nichte. Es ist was anderes. Ich kenn' dich genau. Ich hab' das Gefühl, dass ganz tief in deinem Innern etwas verborgen ist, von dem keiner etwas weiß. [...] Etwas sehr Schönes, Geheimnisvolles – ich werde es schon rauskriegen. Wir sind doch so eine Art Zwillinge.« (Nichte Charlie zu Onkel Charlie; *Shadow of a Doubt*, Synchronfassung; DVD Universal 2001)

Er nimmt daraufhin ihre Hand und streift ihr einen Ring über. Es ist, als würden sie sich verloben. Es ist die Vereinigung zweier konträr-komplementärer Elemente zu einem Gan-

zen. Hier sind sie nun beinahe Liebende, durch einen Ring
miteinander verbunden. Stets ist dies bei Hitchcock eine insta-
bile Verbindung oder eine, die unter Druck oder Zugzwang
herbeigeführt wurde. Dass dieser Smaragdring einer der ermor-
deten Witwen gehörte, das weiß die Nichte da noch nicht.

Sie erfährt es, als sie wenig später in der örtlichen Bibliothek
einen Artikel liest, den Onkel Charlie zuvor aus der Zeitung
des Vaters entfernt hatte und in dem von der landesweiten
Suche nach dem »Merry Widow Murderer« die Rede ist – und
dass nur zwei Männer dafür infrage kommen. Einer der beiden ist Charles Oakley. In dem Moment, als Charlie den Artikel entdeckt, beginnt das musikalische Walzerthema aus Franz
Lehárs Operette *Die lustige Witwe*, das sich motivisch durch
den Film zieht. Der Polizeibeamte Jack Graham (MacDonald
Carey), der ihren Onkel verdächtigt und sie zugleich umwirbt,
hat also recht. Als sie vom Lesetisch aufsteht, geht die Kamera
(Joseph Valentine) aus der Nahen langsam nach oben in eine
Aufsicht, immer höher, bis Charlie ganz klein wirkt, als sie
durch den Saal zum Ausgang geht, wie verloren. Der Mensch
ist vollkommen allein in dieser Welt und auf sich zurückge-
worfen. Charlie geht anders aus der Bibliothek heraus, als sie
hineinging. Sie weiß nun um Onkel Charlies dunkle Seite.
Da sie Zwillinge sind, Verlobte, telepathisch kommunizieren-
de Seelen, weiß sie nun auch um ihre eigene dunkle Seite.

Das Prinzip des Dualismus Das Prinzip des Dualismus, auch die romantische Doppelgängermotivik in Anlehnung an E. T. A. Hoffmann, dürfte in
keinem anderen Hitchcock-Film derart deutlich formuliert
sein wie in den in expressionistischem Schwarz-Weiß gehal-
tenen, von klar konturierten, symmetrischen Licht-und-Schat-
ten-Strukturen bestimmten Seelenporträts *Shadow of a Doubt*
und *Strangers on a Train*. *Shadow of a Doubt* zeigt in vollkommener Klarheit die Aufspaltung eines Charakters in zwei Figuren. Eines von Hitchcocks zentralen Leitmotiven, welches
sich mal mehr, mal weniger explizit durch seine Arbeiten
zieht. So wie genau 30 Jahre später noch in seinem vorletzten,
bestechenden Film *Frenzy* der Krawattenmörder Bob Rusk
und der fälschlich verdächtigte Richard Blaney im Grunde
zwei Seiten ein und derselben Person sind, so sind auch hier

Onkel Charlie und Nichte Charlie die beiden konträren Ausprägungen einer Persönlichkeit. Onkel Charlie empfindet durchaus große Sympathie für seine Nichte Charlie, doch muss er sie schließlich aus dem Weg räumen, so denkt er, da sie die einzige veritable Mitwisserin ist. Dreimal versucht er, sie umzubringen: erst durch eine angesägte Holzstufe der Außentreppe, dann in der Garage, in der der Wagen mit laufendem Motor steht, und schließlich während der Abfahrt des Zuges aus Santa Rosa, bei der er sie, sobald der Zug mehr Geschwindigkeit hat, zur offenen Tür hinausstoßen will. Doch statt ihrer ist er es, der fällt, direkt vor einen heranrasenden Zug. Ausgerechnet Charlie bringt, wenngleich wohl unbeabsichtigt, ihren Onkel in den Tod. Ein Unfall, Notwehr. Auch wenn es ihr zupasskommt. Denn zuvor, nachdem sie schließlich um sein Geheimnis weiß und fordert, dass er umgehend abreist, zischt sie ihm einmal entgegen: »So go away, I am warning you. Go away or I'll kill you myself.« Sie macht sich mitschuldig, ist nunmehr Teil des Anderen, des Bösen, des Amoralischen. Sie wird fortan damit leben müssen. Und nur einer der beiden Polizeibeamten, Jack, weiß noch darum. Er wird niemandem etwas sagen, verbringen Charlie und er doch womöglich die – kleinbürgerliche – Zukunft miteinander.

Joseph Cottens eindringlich-nachhaltige Tischrede als Onkel Charlie – nur vordergründig misogyn, doch voller Weltschmerz, vor der versammelten fassungslosen Familie gehalten – ist der erste der beiden Monologe dieses Charakters. Es sind zutiefst abgründige Worte und Sätze, im amerikanischen Original in Joseph Cottens sonorem Sprachduktus noch kruder anmutend als in der Synchronfassung. Beide Reden spielen eine essentielle Rolle: »Die Großstädte sind voll von Frauen mittleren Alters, Frauen, deren Männer tot sind. Männer, die ihr Leben lang gearbeitet haben, um ein Vermögen zu verdienen, gearbeitet und gearbeitet […] und dann sterben sie und hinterlassen das Geld ihren Frauen. Ihren armen Witwen. Und was machen sie damit, diese unnützen Weiber? Sie bevölkern die Hotels, die besten Hotels, da trifft man sie zu Tausenden. Vertrinken das viele Geld oder verprassen es. Sie verspielen es beim Bridge, sie spielen tagaus, tagein. Sie brüsten sich mit ihrem Schmuck, bilden sich was auf ihren Reichtum ein und sind stolz darauf. Ekelhaft. Welke, fette, habgierige Weiber.« – »Aber, sie sind ja schließlich auch Menschen«, wirft Nichte Charlie ein, und Onkel Charlie erwidert: »Wirklich? Sind sie das? Sind sie Menschen? Oder sind sie widerwärtige Tiere? Und was macht man mit Tieren, wenn sie zu fett werden und zu alt …?« Während Onkel Charlie spricht, fährt die Kamera immer näher an ihn heran, bis er im großen Close-Up im Profil zu sehen ist, nur noch sein Gesicht, die Partie von den Augenbrauen bis zur Unterlippe. Sehr nah, sehr groß, nackt geradezu. Dann dreht er unvermittelt den Kopf zur Seite, als er Charlie sein »Wirklich?« erwidert, und es folgt sein unverhohlener Blick direkt in die Kamera. Onkel Charlie blickt Charlie und den Zuschauer an. Das hat etwas nahezu Schockierendes.

Einen weiteren Schockmoment legt Hitchcock um die Innentreppe herum an, die Erdgeschoss und ersten Stock miteinander verbindet, so auch Charlies Zimmer, in dem vorübergehend Onkel Charlie wohnt: Nachdem der andere potentielle Witwenmörder auf der Flucht in Maine von einem Flugzeugpropeller zerfleischt wurde – so wie Onkel Charlie später von dem entgegenkommenden Zug zerfleischt wird –, da ist Onkel Charlie erleichtert. Beschwingt hechtet er die Treppe hoch. Und bleibt urplötzlich stehen, als ob ihn der Blitz getroffen hätte. Wie eine Statue steht er da, mit dem Rücken zum Betrachter. Langsam dreht er sich auf einer der oberen Stufen um. Und unten im lichtdurchfluteten Hauseingang, da steht die Nichte und wirft einen langen Schatten ins Hausinnere. Und auch die Schatten des Treppengeländers zeichnen sich wie Gitterstäbe an den Wänden ab. Und Onkel Charlie starrt, beinahe mit Entsetzen in den Augen, nach unten, zur Nichte Charlie, deren Blick er im Rücken spürt. Da steht es, das quälende schlechte Gewissen, das andere Ich. Dieser Moment ist von einer ungeheuren, beklemmenden Dichte und Intensität, physisch spürbar, meisterlich inszeniert.

Der zweite Monolog von Onkel Charlie findet nur im Zwiegespräch mit seiner Nichte statt, in der schäbigen Bar, nachts um kurz vor zwei. Der Monolog mag zugleich auch Hitchcocks

Das Treppen-Motiv

Sicht auf diese unsere Welt sein. Es ist der dunkle hoffnungs-
lose Abgesang eines Verletzten, der bei einem offenen Blick
auf diese zunehmend erkaltende, verrohende Welt eine große
Wahrhaftigkeit offenbart und von zeitloser Gültigkeit ist.

> »Du lebst in einem Traum, wie eine Schlafwandlerin. Was weißt
> du schon, wie die Welt ist. Weißt du, dass die Welt ein Schwei-
> nestall ist?! Weißt du, dass du nur Schweine findest, wenn du
> hinter die Fassaden der Häuser guckst? Die Welt ist eine Hölle,
> was macht's schon, was sich drin tut. Wach auf, Charlie, sieh
> dich um, und lern etwas.« (Onkel Charlie zu Nichte Charlie;
> *Shadow of a Doubt*, Synchronfassung; DVD Universal 2001)

Die Welt, die am Ende zu sehen ist – Onkel Charlie wird be-
erdigt, und die Gemeinde richtet einen Trauergottesdienst
aus, in dem er als anständiger Freund und großzügiger Gön-
ner von Santa Rosa gepriesen wird –, sie ist keine heile Welt.
Es ist jene, in der es Onkel Charlie nicht aushielt, und so ist
sein Tod in letzter Konsequenz vielleicht sogar eine Erlösung.
Die anderen jedoch, auch die Newtons, sie werden weiter in
ihr leben, und, so scheint es, dies eher mit verschlossenen
denn mit offenen Augen. Sie würden es sonst nicht aushalten,
hier, in dieser Hölle.

Notorious

(Berüchtigt) USA 1946. U.a. mit Ingrid Bergman, Cary Grant, Claude
Rains, Leopoldine Konstantin, Louis Calhern
Eine Frau zwischen zwei Männern. Beide sind in sie verliebt,
doch sie liebt nur einen zurück. Eine nahezu klassische Drei-
eckskonstellation, wäre da nicht jene Note des Politischen,
die Verantwortung und Verpflichtung bedeutet, die zur Bür-
de wird. Das Allgemeine, das Übergeordnete, wirkt sich unmittelbar auf das Persönliche, das Private aus. Ein Sujet, das
sich in vielen Arbeiten Alfred Hitchcocks wiederfindet.

> »Die Geschichte von *Notorious* ist der alte Konflikt zwischen
> Liebe und Pflicht. Cary Grants Aufgabe ist es, Ingrid Bergman
> zu Claude Rains ins Bett zu treiben.« (Hitchcock über *Notori-
> ous*; Truffaut 1999, S. 142)

»Miami. Florida. Three-Twenty P.M., April the Twenty-Fourth, Nineteen Hundred and Forty-Six …«, ist in der ersten Einstellung zu sehen, dahinter die Skyline Miamis. Ein Intro mit genauer zeitlicher und örtlicher Einordnung, ähnlich wie etwa in *Psycho*. In jenem April 1946 ist der Zweite Weltkrieg gerade seit einem knappen Jahr zu Ende. Als der Prozess gegen John Huberman endet und er zu 20 Jahren Haft verurteilt wird, verlässt die Tochter wortlos den Saal, umringt von fragenden Reportern. Sie wirkt, als wäre sie betäubt. In weißem Mantel und schwarzem Hut gleitet sie an ihnen vorbei, wie eine schwebende Statue. In dieser Frau, das zeigen bereits die ersten Bilder, ist längst etwas zerbrochen. Alicia Huberman (Ingrid Bergman) musste mit anhören, wie ihr Vater der Spionage für die Nazis bezichtigt wurde. Ein Vaterlandsverräter. Alicia hatte schon lange vorher mit ihm gebrochen. Der väterliche Schutz fehlte ihr. Sie lebt ein haltloses Leben, trinkt zu viel und hat nicht minder viele Liebhaber. Alicia ist süchtig nach Liebe und nach Alkohol. Beides wird ihr später beinahe zum Verhängnis werden, in Rio de Janeiro, wohin T.R. Devlin (Cary Grant) sie mitnehmen wird. Devlin ist ein amerikanischer Geheimagent, und nicht nur Alicia hat sich schnell auf einer ihrer kleinen abendlichen Trinkpartys, die sie zu Hause gibt, in ihn verliebt, sondern er sich auch in sie. Nachdem ihn die Kamera die ganze Zeit über nur in einer Rückansicht als dunkle Gestalt gezeigt hat, sitzen sie sich nun gegenüber, am Beistelltisch mit den vielen Flaschen und Gläsern. »Gone«, sagt er, und sie fragt: »Who is gone?«, daraufhin er: »The ice.« (Alle Dialogauszüge: *Notorious*, Synchron- und / oder Originalfassung; DVD EuroVideo 2002) Eine der vielen hitchcockschen Mehrdeutigkeiten. Dass das Eis zwischen ihnen gebrochen ist, zeigt sich schon sehr bald. Betrunken schlägt Alicia Devlin vor, eine kleine Autofahrt zu unternehmen. Im Rückspiegel ist schließlich ein Polizist auf einem Motorrad zu erkennen. Alicia muss anhalten. Die ganze Szenerie korrespondiert mit der in *Psycho*, in der Janet Leigh von einem Polizisten verfolgt wird, der im Rückspiegel ihres Wagens stets sichtbar ist. Die Polizei hat bei Hitchcock immer eher etwas Bedrohliches denn etwas Beschützendes. Als Alicia

Werk

am anderen Morgen verkatert in ihrem Bett aufwacht, steht auf ihrem Nachttisch ein Glas mit Medizin. Es ist beinahe so leuchtend hell wie jenes, das Cary Grant in *Suspicion* die dunkle Treppe hochträgt. Alicia sieht zu ihm auf. Er steht erst im Türrahmen, dann geht er auf das Bett zu, und da sie ihren Kopf wendet, dreht er sich im Bildkader beinahe um 360 Grad. Devlin teilt Alicia mit, dass seine Auftraggeber ihre Dienste gebrauchen könnten, was die leichtlebige Frau missversteht: »Es gibt nur eine Arbeit, für die ihr Bullen mich haben wollt. Vergessen Sie es lieber wieder, Mister ...« Daraufhin wird Devlin konkreter: »Eine Gruppe von Deutschen, für die auch Ihr Vater gearbeitet hat, befindet sich jetzt in Rio. [...] Ihnen würde man da vertrauen. Und Sie könnten den Schaden, den Ihr Vater angerichtet hat, wiedergutmachen.« Der letzte Satz trifft. Es geht dabei auch um Schuld: Für die Schuld des Vaters tritt die Tochter nun die Sühne an. Das hat, in gewisser Hinsicht, etwas sehr Katholisches. Gemeinsam begeben sie sich auf den Flug nach Rio.

Als sie schließlich, seit kurzem erst in Rio, einmal in einem Café zusammensitzen und über die Dinge des Lebens reden, sagt Devlin zu Alicia: »Vor Frauen habe ich schon immer Angst gehabt.« Das könnte ebenso gut ein Ausspruch des ängstlichen Regisseurs sein.

Der Stützpunkt der Deutschen befindet sich in Rio im weiträumigen, großbürgerlichen Haus von Alexander Sebastian (Claude Rains), der dort mit seiner dominanten Mutter (Leopoldine Konstantin) lebt. Sebastian kannte Alicias Vater, damals war er auch in Alicia verliebt. Nun, wo Devlin sie dazu bringt, Sebastian erneut zu begegnen, um in dessen Kreise einzudringen, dreht sich die (»Suspense«-)Spirale weiter nach oben. Als Sebastian Alicia einen Heiratsantrag macht, wird die ganze Pervertiertheit der Situation evident: Schlägt sie das Angebot aus, wirkt es, als wolle sie den Auftrag von Devlins Vorgesetzten nicht ausführen, als zeige sie keine Reue. Willigt sie ein, so erfüllt sie zwar ihre Mission, verletzt aber Devlins Gefühle. Beide Varianten können ihn eigentlich nur zurückstoßen. Da Devlin Alicia nicht zurückhält, heiratet sie Sebastian. Durch sein Pflichtbewusstsein und seine anhaltende Unentschlossenheit verliert er Alicia beinahe ganz. Devlin und Sebastian, sie sind hier letztlich die Doppelgänger: Devlin führt die Befehle seiner älteren männlichen Vorgesetzten aus, Sebastian die seiner Mutter. Beide sind Liebende, beide haben Angst und können nicht so, wie sie wollen. Zwei Unfreie. Und es gilt für beide den Moment zu erkennen, ab wann Vertrauen möglich ist. Denn Misstrauen herrscht allenthalben, in beider beruflichem Kontext – Agenten und Spione sind verdeckt tätig, spionieren aus, verheimlichen –, in der Liebe wiederum ist genau dieses Element des Misstrauens tödlich. Und so zieht sich durch den ganzen Film, der im Grunde ein Liebesdrama und kein Spionagestück ist, eine drückende Atmosphäre latenter existentieller Verunsicherung.

Notorious, 1946

Kamerafahrt von der Raumtotale ins Detail

Notorious, klar und präzise strukturiert bis ins Detail, enthält mehrere Sequenzen, die virtuos-innovative Glanzstücke auf technischer und stilistischer Ebene sind. Da ist etwa die legendäre Kamerafahrt in der Eingangshalle von Sebastians Haus, die oberhalb der Treppenempore in einer Raumtotalen beginnt, und – wieder ohne Schnitt – auf Claude Rains und Ingrid Bergman zufährt und vor Bergmans Hand innehält, bis sie diese öffnet und der Schlüssel zum Weinkeller darin zu sehen ist. Hier, am Getränkebuffet, hat Hitchcock auch seinen üblichen Cameo-Auftritt: Er kommt an das Buffet, schüttet ein ganzes Glas Champagner in einem Zug in sich hinein und geht verhuscht, als Grant und Bergman an das Buffet treten.

Als sich herausstellt, wer Alicia wirklich ist, sucht der verzweifelte Sebastian nachts seine Mutter auf und beichtet ihr am Fußende des Bettes: »Mutter ... Mutter! [...] Ich habe eine amerikanische Agentin geheiratet.« Er ist verloren, seine Nazi-Gefährten werden ihn später zur Rechenschaft ziehen. Mit versteinerter Miene zündet sich Madame Sebastian eine Zigarette an. Daraufhin beschließen Mutter und Sohn, Alicia langsam zu vergiften, sodass die im Hause ein und aus gehenden

Werk

Nazis keinerlei Verdacht schöpfen. In jedem Tee, in jedem Kaffee, den sie Alicia reichen, befindet sich von nun an Arsen. So wie der Alkohol zuvor ihr trauriges Leben vergiftet hat, so wird sie nun wirklich vergiftet. Und immerzu zeigt Hitchcock die Gläser und Tassen – und auch die Schlüssel Sebastians, die zum Weinkeller mit den urangefüllten Weinflaschen gehören, sowie die Weinflaschen selbst – in Close-Ups, von denen etwas Bedrohliches ausgeht. Es sind ganz banale Objekte. Und doch sind es bei ihm Objekte der Angst.

Objekte der Angst

Als Alicia beim Kaffeetrinken mit Gatte und Schwiegermutter plötzlich erkennt, was wirklich geschieht – Sebastians Gast, der alte Dr. Anderson (Reinhold Schünzel), greift versehentlich zu Alicias Kaffeetasse, die neben der seinen steht, worauf Mutter und Sohn aus ihren Sesseln aufspringen –, da durchfährt sie diese Erkenntnis wie ein Schock. Sie sieht erst zu Madame Sebastian hin, dann zu Sebastian, und jedes Mal zoomt die Kamera in großer Geschwindigkeit auf beide zu. Auch auf der visuellen Ebene ist es ein Moment ungeheuren Schreckens. Alicia erhebt sich, und alles um sie herum dreht sich, der Schweiß steht ihr auf der Stirn. Mutter und Sohn Sebastian werden zu dunklen, fließenden Schatten, und als Alicia schon an der Tür ist und sich beider Schatten tiefschwarz auf der weißen Tür abzeichnen, da wird ein großer daraus. Mutter und Sohn werden eins im Kampf gegen die Unglück bringende Gattin und Schwiegertochter. In der Eingangshalle bricht Alicia schließlich zusammen, und im Moment des Zusammenbrechens geht die Kamera nach einem Schnitt von einer Nahaufnahme in die vollkommene Totale, in eine Aufsicht, hoch oben auf der Empore, oberhalb der Kronleuchter noch (genau dort, wo zuvor die Kamerafahrt der Schlüsselsequenz begann), und zeigt die auf dem schwarzweißen Schachbrettboden liegende Alicia. Wie eine umgekippte Spielfigur liegt sie dort unten in ihrem schwarzen Kleid. Eine Szene, die jene der sterbenden Juanita de Cordoba in *Topaz* antizipiert, in welcher sich das lilafarbene Kleid auf dem schwarz-weißen Boden ausbreitet wie eine langsam größer werdende Blutlache.

Das Uran thematisieren Hitchcock und sein Drehbuchautor

Ben Hecht in diesem Originaldrehbuch ausgerechnet im Jahr 1945, jenem Jahr, in dem die USA am 6. und 9. August Atombomben über Hiroshima und Nagasaki abwerfen. Die Koinzidenz dieser Ereignisse führt dazu, dass Hitchcock laut eigener Aussage für etwa drei Monate – und nicht, wie oftmals dargestellt, über mehrere Jahre hinweg – tatsächlich vom US-Geheimdienst observiert wird.

> »Ich fuhr mit dem Drehbuchautor Ben Hecht zu ›Caltech‹ (›California Institute of Technology‹), und wir gingen ins Büro von Dr. Millikan, dem berühmten Professor dort, und fragten ihn: ›Wie groß wäre denn so eine Atombombe?‹ Und es herrschte Stille. Und dann hat er uns eine Stunde lang erklärt, wie unmöglich die ganze Sache ist. Wie ich es sehe, wurde ich danach drei Monate vom FBI beschattet.« (Hitchcock über den politischen Aspekt von *Notorious*; *The Dick Cavett Show*; 8. Juni 1972)

In der Folge wird die erste deutsche Synchronfassung aus dem Jahr 1951 *Weißes Gift* betitelt, um vier Minuten gekürzt, und aus den Nazis werden Rauschgifthändler, aus dem schwarzen Uran wird weißes Gift. Erst in der späteren, zweiten Synchronfassung, 1969 zunächst für das Fernsehen erstellt, wird der originäre Filmtitel adäquat ins Deutsche übertragen, die ursprüngliche Länge wiederhergestellt, werden die Nazis wieder zu Nazis, das Uran wieder zu Uran. Doch das Uran dient hier ohnehin lediglich als »MacGuffin«. Auch interessiert sich Hitchcock nicht wirklich für den politisch-historischen Kontext. All dies ist nur der äußere Rahmen für das, worum es ihm einzig geht: um den – durchaus romantisch motivierten – Kampf für und um die Liebe.

Strangers on a Train

(Verschwörung im Nordexpreß / Der Fremde im Zug) USA 1951. U.a. mit Farley Granger, Robert Walker, Ruth Roman, Leo G. Carroll, Patricia Hitchcock

»We swap murders. Your wife. My father. Criss-cross.« Es kommt einem Teufelspakt gleich, was dem beliebten und ahnungslosen Tennisspieler Guy Haines (Farley Granger) von einem wildfremden Mann während einer Zugfahrt von

Werk

Washington nach Long Island angeboten wird. Dieser Fremde im Zug ist ein in den Tag hinein lebender Sohn reicher Eltern namens Bruno Anthony (Robert Walker). Aus diesem »stranger« (Fremder) wird ein »strangler« (Würger) werden, wie Alfred Hitchcock selbst gerne in Wortspielen anzumerken pflegt. Bruno, der sich Guy auf joviale Art nähert, scheint über das Privatleben des Tennisspielers gut informiert: Er weiß, dass Guy sich von seiner Frau Miriam Haines (Laura Elliott alias Kasey Rogers) gegen ihren Willen scheiden lassen will, um Ann Morton (Ruth Roman), Tochter des Washingtoner Senators Morton (Leo G. Carroll), heiraten zu können. Bruno wiederum hasst seinen vermögenden Vater, von dem er nie Anerkennung erhalten hat und auf dessen Kosten er lebt. Guy, so Brunos Vorschlag, solle Brunos Vater umbringen, und er, Bruno, würde Guys Ehefrau töten. Zwei Morde – über Kreuz. Und keinem wäre etwas nachzuweisen, da beide für ihren jeweiligen Mord kein Motiv haben. Ein scheinbar perfektes Verbrechen. Guy lehnt Brunos Vorschlag ab. Und dann steigt er in seiner Heimatstadt Metcalf aus, um Miriam zur Scheidung zu bewegen. Doch Miriam lässt sich nicht scheiden, nimmt trotzdem das Geld für den Anwalt und ist sogar von einem anderen schwanger. Sie ist »ein wirkliches Luder« (Hitchcock). Als Guy nach der emotional hoch aufgeladenen Auseinandersetzung mit Miriam von einer Telefonzelle aus Ann anruft, um ihr mitzuteilen, dass Miriam nicht in die Scheidung einwilligt, da entfährt ihm in seiner Aufgebrachtheit: »I'd like to break her foul useless little neck«, dann in den Hörer brüllend: »I said I could strangle her« (Alle Dialogauszüge: *Strangers on a Train*, Synchron- und/oder Originalfassung; DVD Warner Bros. 2004), während am nahe gelegenen Bahnhof laut ein Zug vorbeifährt. Züge, ein beliebtes hitchcocksches Motiv, bringen meist nichts Gutes mit sich.

Bruno – dessen psychopathisch veranlagter Charakter sich schnell erahnen lässt – führt alsbald seinen Part aus: Er bringt Miriam abends in einem Vergnügungspark auf einer Insel um und erwartet nun von Guy, dass er seinen Part ebenso erfüllt. Fortan folgt Bruno Guy, wartet gegenüber dessen Haus und ruft seinen Namen, gespenstisch hauchend, durch die dunkle

*Strangers on a
Train*, 1951

Nacht, sitzt beim Tennismatch unter den Zuschauern, taucht uneingeladen auf einer Party der Mortons auf. Bruno scheint omnipräsent. Zudem verdächtigt die Polizei Guy des Mordes an seiner Ehefrau. Er muss seine Unschuld beweisen, und er muss Bruno daran hindern, jenes belastende Beweisstück auf die Insel des Vergnügungsparks zu bringen, das er bei ihrer ersten Begegnung im Zugabteil vergessen hat: das Feuerzeug, ein Geschenk von Ann Morton, mit beider Initialen. Das Feuerzeug ist hier der »MacGuffin«. Während Guy ein wichtiges Tennismatch absolvieren muss, fährt Bruno zum Vergnügungspark. Es ist ein Wettlauf mit der Zeit. Auf dem Weg zum Park fällt Bruno das Feuerzeug in einen Gully. In die Sequenz seiner angestrengten Versuche, Zentimeter um Zentimeter, mit zitternder Hand, das Feuerzeug wiederzuerlangen, ist das nicht enden wollende Tennismatch zwischengeschnitten. Eine Parallelmontage, durch die Hitchcock den »Suspense« kulminieren lässt. Bis sie sich schließlich gegenüberstehen, und es auf einem Karussell zum finalen Kampf kommt. Als das durch einen Schuss der Polizei zu stark rotierende Karussell zusammenbricht, stirbt Bruno darunter, und seine Hand gibt das Feuerzeug preis. Guy ist entlastet und frei. Er kann Ann endlich heiraten.

Strangers on a Train basiert auf Patricia Highsmith' gleichnamigem ersten Roman. Für die Ausarbeitung einer ersten Dreh-

Werk

buchfassung kann Hitchcock zunächst den Schriftsteller Raymond Chandler (*The Big Sleep*, 1939) gewinnen. Doch die beiden Herren kommen nicht miteinander zurecht. »Look at the fat bastard trying to get out of his car!«, sagt Chandler einmal zu seiner Sekretärin, als er auf Hitch an der Haustür wartet. Ungünstig nur, dass dieser Chandlers Nettigkeiten hört – die ohnehin disharmonische Arbeit ist beendet. Das finale Drehbuch wird schließlich in Zusammenarbeit mit Ben Hechts Schülerin Czenzi Ormonde und dem Ehepaar Hitchcock erstellt und von Whitfield Cook bearbeitet. Die Karussellsequenz, ein technisches Bravourstück, mit Rückprojektion und einem Karussellmodell gedreht, findet sich nicht in Highsmith' Roman. Diese dürfte Hitchcock dem 1946 erschienenen Kriminalroman *The Moving Toyshop* des Autors Edmund Crispin entlehnt haben (vgl. »Hitchcock and Chandler«; in: *Sight & Sound*, Juli 2009, S. 46-49).

Raymond Chandler

> »Was ich da gemacht habe, treibt mir noch heute den Schweiß auf die Stirn. Der Schausteller, der kleine Mann, der unter das rasende Karussell kriecht, hat wirklich sein Leben riskiert. Wenn der Mann den Kopf nur um fünf Millimeter gehoben hätte, wäre er tot gewesen. Das hätte ich mir nie verziehen. So eine Szene mache ich nie wieder.« (Hitchcock über die Karussellsequenz; Truffaut 1999, S. 164)

Alles in diesem dunklen Seelendrama hat seine dualistische Entsprechung, hat ein Pendant. Anfangs werden zwei Paar Schuhe verfolgt, die zwei Taxen an der Union Station entsteigen. Es sind zwei Bahngleise, die in einem münden und wieder auseinandergehen. Es sind zwei Männer, die sich begegnen. Einer von ihnen, Bruno, bestellt für sie zwei jeweils doppelte Drinks – »A Pair, double!« Es tauchen zwei jüngere Frauen mit dicken Brillengläsern auf – Miriam und Barbara Morton (Patricia Hitchcock). Es gibt zwei Ermittler in zwei Städten. Es gibt zwei überhöhte Vaterfiguren, Senator Morton und Brunos Vater. Und vieles andere mehr. Nichts steht für sich allein. Letzten Endes schwingt in diesem Kontext auch eine latent angedeutete homoerotische Komponente mit, noch eine mögliche Paarkonstellation.

Patricia Hitchcock

Bruno ist Guys Schatten. Überall, wo er ist, stets hell gekleidet, mit einer positiven Ausstrahlung, da ist Bruno auch, stets
dunkel gekleidet, mit einer negativen Ausstrahlung. Bruno
führt praktisch aus, was Guy sich theoretisch wünscht. Guy
hat ein Gewissen. Bruno hat keines. Auf Bruno wird die
Schuld transferiert, die Guy nicht auf sich zu nehmen im-
stande ist. Bruno ist Guys transzendierte Veräußerung, sein
negatives Spiegelbild. In der Motivik der Doppelungen und
des dualistischen Prinzips steht bei Hitchcock werkimmanent
kein anderer Film *Strangers on a Train* derart nahe wie der
acht Jahre zuvor entstandene *Shadow of a Doubt*. So wie dort
Onkel und Nichte, so stellen auch hier Bruno und Guy zwei
Seiten einer Person dar – sie sind eins. In anderen Filmen wie
Vertigo, *Psycho* oder *Frenzy* wird dieses dualistische Prinzip
weiterverfolgt.

Für die zentrale Mordszene gibt Hitchcock der Darstellerin
der Miriam, Laura Elliott, die Anweisung »Laura, float to the
ground«. Sieben wiederholte Takes werden benötigt, bis Laura Elliotts Darstellung Hitchcocks Wunsch nach dem Zu-Bo-
den-Schweben entspricht. Der Mord ist nur indirekt zu seh-
en, er wird von der zu Boden gefallenen Brille reflektiert.
Hitchcock hat hierfür extra ein überdimensional großes Gestell mit konkaven Zerrspiegeln bauen lassen. Die von dem
Gestell reflektierte Szene mit Robert Walker und Laura Elliott
filmt er in einem Winkel von neunzig Grad. Miriam gleitet
denn auch rückwärts zu Boden, und es wirkt, als ob Bruno sie
bette, wie zum Schlafen. Auf das Totenbett. Ein Mord, infer-
nalisch, bestialisch und doch von einer gewissen Poesie.

Nach dem Mord an Miriam führt Bruno einen blinden älteren
Mann vom Vergnügungspark auf die andere Straßenseite.
Und Senator Mortons jüngere Tochter Barbara, die Schwester
von Ann, meint lakonisch-süffisant: »Na ihr beiden, nun steht
euch nichts mehr im Wege. Jetzt könnt ihr endlich heiraten.
Stellt euch vor – ihr seid frei!« Und, bevor sie die große Tür
des Wohnsalons zumacht, zu Ann: »Wenn ich mir vorstelle,
dass mich ein Mann so liebt, dass er für mich einen Mord
begehen würde, herrlich!« Das sind, sowohl Brunos Geste
dem Blinden gegenüber als auch Barbaras Bemerkungen zu

dem bisher so unfreien Liebespaar, typisch schwarzhumorige Kommentare des Regisseurs.

Einmal, da meint Brunos nicht minder psychopathische Mutter, Mrs. Anthony (Marion Lorne), zu ihrem noch immer zu Hause wohnenden Sohn: »You are a naughty boy, Bruno.« Ein Satz, der dem des Polizisten nahezu gleich ist, der damals, um 1905 herum, dem kleinen Hitch gezeigt haben soll, was man mit unartigen Buben macht. So schließen sich Kreise.

Rear Window

(Das Fenster zum Hof) USA 1954. U.a. mit James Stewart, Grace Kelly, Thelma Ritter, Wendell Corey, Raymond Burr

Langsam gehen die Jalousien eines Fensters hoch – welches in seiner vollen Größe und Breite dreiteilig ist –, während die Vorspanntitel darüber laufen und eine beschwingt-heitere Musik zu hören ist. Nach dem letzten Titel, »Directed by Alfred Hitchcock«, wird der Blick freigegeben auf den Schauplatz, auf eines der größten, wunderbarsten Filmsets, die bis dato, dem Produktionsjahr 1954, gebaut wurden: einen vollständigen New Yorker Innenhof in Greenwich Village, mit 31 Wohnungen, 12 davon komplett möbliert. Das alles entstand in den Paramount Studios. Es ist ein Mikrokosmos. Ein Spiegelbild des menschlichen Daseins. *Rear Window*, zweifellos einer der vielschichtigsten, bedeutendsten und auch schönsten Hitchcock-Filme, womöglich *der* Hitchcock-Film schlechthin, ist zugleich einer der zeitlosesten Filme überhaupt. Die Adaption von Cornell Woolrichs 1942 erschienener Kurzgeschichte durch Drehbuchautor John Michael Hayes geht weit über die literarische Vorlage hinaus. **Cornell Woolrich**

Der Fensterrahmen dient hier zugleich als Bildkader, Menschen bewegen sich im Hintergrund, und der Blick des Zuschauers fällt von Anfang an durch dieses Fenster, vom Innen ins Außen. Er ist der doppelt Zusehende, Beobachtende. Die Kamera fährt nach den Titeln an den mittleren Fensterrahmen heran, dann erst erfolgt der erste Schnitt. Im Innenhof läuft eine Katze durch den Garten, Vögel fliegen durch das Bild und sitzen später vermehrt auf dem Dach einer Studio-Maisonette, und die Kamera (Robert Burks) fährt an den Apart- **Kameramann** **Robert Burks** ments entlang. In verschiedenen Einstellungsgrößen wird in einer Plansequenz ein ganzes Set vorgeführt. In einem Close-Up zeigt die Kamera schließlich den schwitzenden Fotoreporter L. B. Jeffries (James Stewart) und das Thermometer zeigt über 90° F am Morgen. Nach zwei weiteren Schnitten zieht sie sich erneut zu Stewart in das Innere seines Zweizimmer-Apartments zurück, fährt über sein eingegipstes Bein – »Here lie the broken bones of L. B. Jeffries« –, schwenkt dann sehr schnell in den hinteren Part des Zimmers und gleitet über die exponierten Arbeitsutensilien von Jeffries – ein zerbrochener Fotoapparat, Filmmaterialien, gerahmte Schnappschüsse, Magazine mit seinen Titelbildern. Dann erfolgt eine Abblende.

Die Exposition von *Rear Window* – der die klassische Einheit von Zeit, Ort und Handlung einhält – ist bereits in sich eine kleine Geschichte, vollkommen kommentarlos wurde der Protagonist in seiner Junggesellenwohnung eingeführt, seine akute Situation, sein Beruf, sein Umfeld. Und die hitchcocksche

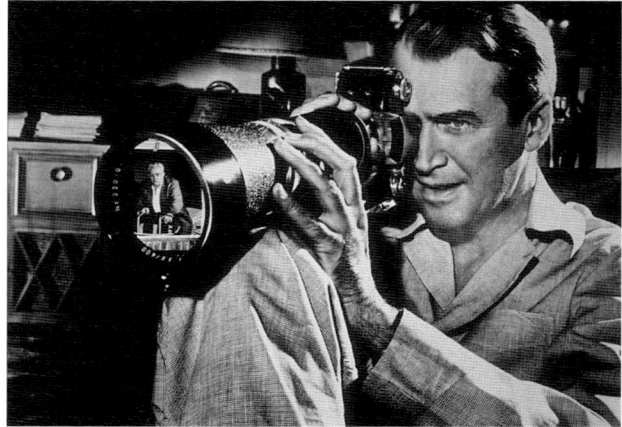

Rear Window,
1954

Manipulation des Zuschauers ist bereits vollzogen: Der Zuschauer sieht den Hof überwiegend mit Jeffries' Augen. Nur in einigen Szenen steht er außerhalb. Der subjektive Blick wird zum objektiven erklärt. Der Blick des Zuschauers also ist jener der Kamera, ist der Jeffries'. Durch diese Verschmelzung, zumal die Grundsituation des Zuschauers eben das Zusehen ist, begeht dieser von Beginn an eine Indiskretion. Er wird

Werk

zum Voyeur. *Rear Window* ist der Film schlechthin über Voyeurismus. Über das heimliche Beobachten, über das externe Eindringen in die interne Privatsphäre völlig fremder Menschen, und seien es die unmittelbaren Nachbarn. Und Jeffries, der Fotograf, er ist per se ein professioneller Voyeur.

Die pragmatisch-patente Krankenschwester Stella (Thelma Ritter), die Jeffries regelmäßig den Rücken massiert, sagt einen der Schlüsselsätze des Films: »Wir sind doch ein Volk von Spannern geworden. [...] Erst brechen Sie sich das Bein, und dann, dann fangen Sie an, aus dem Fenster zu schauen, um Dinge zu sehen, die Sie nicht sehen sollten. Ärger.« (Alle Dialogauszüge: *Rear Window*, Synchron- und/oder Originalfassung; DVD Universal 2001)

»Jeff, wenn du dich doch bloß sehen könntest. [...] Es ist krankhaft«, meint seine Verlobte, das äußerst attraktive Modemodel Lisa Carol Fremont (Grace Kelly), einmal über sein Tun, bevor auch sie später von seiner Annahme überzeugt ist. Von der Annahme nämlich, dass gegenüber im ersten Stock, ein gewisser Lars Thorwald (Raymond Burr) seine Ehefrau umgebracht, zerteilt und in seinen großen Vertreterkoffern nachts bei strömendem Regen aus der Wohnung geschafft hat – Jeffries beobachtete mit dem Teleobjektiv, dem »tragbaren Schlüsselloch« (Stella), wie Thorwald eine große Säge und ein großes Küchenmesser in Zeitungspapier wickelte. Mehrmals fragen sich Jeffries und Lisa nun, ob sie das, was sie da tun, denn überhaupt dürften. »Jeff, weißt du, wenn jetzt jemand hier reinkäme, er würde nicht glauben, was er sieht: Dich und mich mit langen Gesichtern, tief verzweifelt und enttäuscht, weil wir herausgefunden haben, dass der Mann seine Frau nicht umgebracht hat. Wir sind zwei der schrecklichsten Scheusale, die ich je gesehen habe«, gibt Lisa Jeffries zu bedenken. Die Legitimation für ihr Handeln, das auch Jeffries' alter Kriegskompagnon, Polizeidetective Tom Doyle (Wendell Corey), kritisch beäugt, ist schließlich und ausschließlich die Aufklärung des tatsächlich begangenen Mordes an Thorwalds Ehefrau. Es ist dies quasi der die Handlung antreibende »MacGuffin« in *Rear Window*. Das eigentliche Sujet ist die Beziehung zwischen Jeffries und Lisa.

Die französischen »Nouvelle-Vague«-Regisseure Claude Chabrol und Eric Rohmer, die, wie auch François Truffaut, in den
50er Jahren als Filmkritiker bei den renommierten *Cahiers du
Cinéma* tätig waren, nannten diese Hofmauer, auf die Jeffries
den gesamten Film hindurch blickt, sehr passend »l'ensemble
de ces cages à lapin bien cloisonnées«. (Chabrol, Rohmer 1986,
S. 126) Und in diesem Ensemble abgeteilter zellengleicher Kaninchenställe herrscht allenthalben Einsamkeit. Ganz gleich,
in welchem sozialen Status sich die jeweiligen Bewohner be-
finden, ob Single oder Verheiratete, niemand von ihnen scheint
erfüllt, scheint glücklich zu sein. Das Spektrum reicht von
dem stets auf dem Balkon schlafenden kinderlosen Ehepaar,
das seinen Hund immer in einem Korb an einem Seil in den
kleinen Rosengarten des Hinterhofes herunterlässt, über die
unglückliche Singlefrau »Miss Lonelyhearts«, die von Männern nur so umgarnte, stets durch ihr Apartment tänzelnde
»Miss Torso«, die im Garten an eigenwilligen Skulpturen arbeitende Bildhauerin, bis hin zu dem jungen erfolglosen Pia-
nisten, der das leitmotivische Lied »Lisa« komponiert, und
dem frisch vermählten jungen Ehepaar, das sich, zunächst,
hinter stets heruntergezogener Jalousie liebt.

> »Auf der anderen Seite des Hofes haben Sie alle Arten mensch-
> lichen Verhaltens, einen kleinen Verhaltenskatalog. [...] Was
> man auf der anderen Hofmauer sieht, ist eine Fülle kleiner
> Geschichten, es ist der Spiegel einer kleinen Welt.« (Hitchcock
> über die Hinterhofszenerie in *Rear Window*; Truffaut 1999,
> S. 180)

Die andere Seite des Hofes, diese Kaninchenställe, stellt auch
und gerade für Jeffries einen Spiegel dar: Jene Nachbarn
sind der Katalog an Möglichkeiten für sein eigenes Leben –
mit oder ohne Lisa. Die Spiegelung betrifft hier auch die Personen selbst – erneut wendet Hitchcock hier das dualistische
Prinzip an: L. B. Jeffries ist mit einer Frau zusammen, die ihn
unbedingt heiraten will (als sie in Thorwalds Wohnung ein-
steigt und den Ehering von dessen Frau findet, streift sie ihn
Vgl. S. 23 sich über und zeigt hinter ihrem Rücken darauf, was Jeffries
auf der anderen Seite beobachtet – ein doppelter Wink: Die

Ehefrau scheint wirklich umgebracht worden zu sein, und sie, Lisa, will ihn, Jeffries, unbedingt), die aber in seinen Augen beruflich und gesellschaftlich nicht zu ihm passt. Er ist der positive Held. Lars Thorwald ist mit einer Frau zusammen – aus der Ferne wirkt auch sie blond, schlank und eher jünger, also ganz so wie Lisa –, die nur noch an ihm herumnörgelt und die er loswerden will. Er ist der negative Antagonist. Während es hier Jeff ist, der sonst in der Welt umherreisende

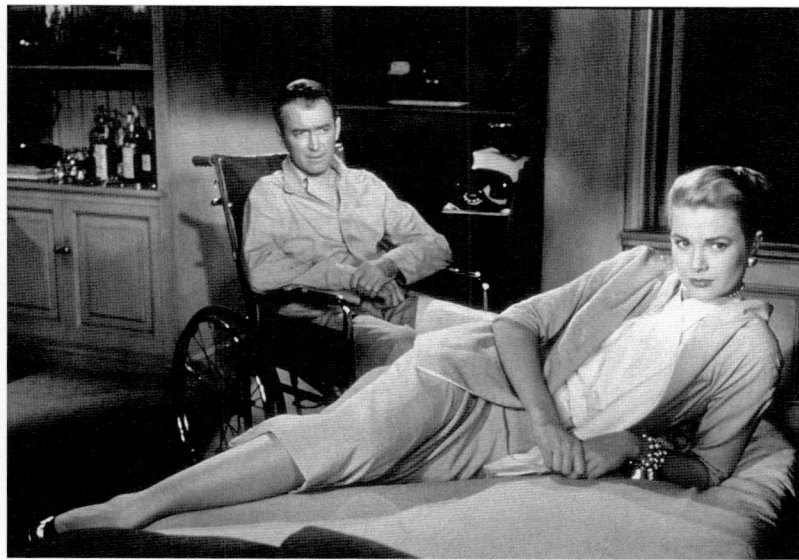

Fotoreporter, der mit seinem Gipsbein an Rollstuhl und Bettsofa gefesselt ist und von Lisa insistierend umsorgt wird; ist es drüben genau gespiegelt: Thorwalds Frau ist krank und liegt im Bett, während er, der Handlungsreisende, unterwegs und beweglich ist, sich jedoch um seine Frau kümmern muss. Thorwald ist letztlich das externalisierte Alter Ego von Jeffries. Jeffries' Beobachtung des thorwaldschen Ehelebens und der Konsequenzen mag letztendlich nichts als eine unbewusste Projektion seiner Urängste sein. Im Grunde ist alles, was sich auf der gegenüberliegenden Seite abspielt, die Symbolisierung von Sehnsüchten und Wünschen einerseits, von Ängsten und Abgründen andererseits. Thorwald vollzieht, was Jeffries sich

Rear Window, 1954

nicht traut. Seine äußere Immobilität, sie reflektiert denn auch seine innere, als er Lisa fragt, ob man denn nicht alles so belassen könne, wie es ist.

Rear Window ist nicht zuletzt pure Kinematographie. Eine präzise Abhandlung über das Sehen, über das Inszenieren des Sehens (und somit über die Funktion des Regisseurs) und über die Reaktionen und Auswirkungen dieses Sehens. Das Sehen und Zeigen als reinste nonverbale Form. Dabei dient Hitchcock die Montage – er sprach gern über den Einfluss der russischen Regisseure Sergej M. Eisenstein und Pudowkin und deren Montageprinzip – als maßgebliches Gestaltungsmittel.

Rear Window, dieses intelligent-humorige Weltkammerspiel, dieses tiefsinnig-transzendente Seelenkaleidoskop – das in einer farbintensiven Slow-Motion-Sequenz zwischen Grace

> »Das bot die Möglichkeit, einen vollkommenen filmischen Film zu machen. Da ist der unbewegliche Mann, der nach draußen schaut. Das ist das erste Stück Film. Das zweite Stück läßt in Erscheinung treten, was der Mann sieht, und das dritte zeigt seine Reaktion. Das stellt den reinsten Ausdruck filmischer Vorstellung dar, den wir kennen.« (Hitchcock über das filmische Prinzip von *Rear Window*; Truffaut 1999, S.178)

Kelly und James Stewart einen der poetischsten und aufgend-erotischsten Küsse der Filmgeschichte enthält –, es endet ambivalent: Jeffries, der zuvor von Thorwald aus dem Fenster gestoßen wurde, liegt nun mit gleich zwei Gipsbeinen dösend im Rollstuhl – während Lisa auf dem Sofa zwar das Buch *Beyond the High Himalayas* ostentativ in Händen hält und erstmals in blauer Hose und rotem Hemd und nicht im eleganten Kostüm zu sehen ist, doch sobald er ganz eingeschlafen ist, greift sie zur Modezeitschrift *Harper's Bazaar*. Für welchen der einander gegenüber projizierten Lebensentwürfe sich der entscheidungsunfreudige, unstete Fotoreporter wohl entscheiden wird? Hitchcock verrät es dem Zuschauer, diesem neugierigen Voyeur, nicht.

To Catch a Thief

(Über den Dächern von Nizza) USA 1955. U.a. mit Cary Grant, Grace
Kelly, Jessie Royce Landis, John Williams, Brigitte Auber

To Catch a Thief mag einer der am meisten unterschätzten
Hitchcock-Filme sein. Völlig zu Unrecht. Denn diese nur vor-
dergründig leicht daherkommende Genremélange aus Thriller,
Komödie, Drama und Romanze, die von einer prickelnden
Melancholie durchzogen ist, birgt hintergründig genügend
Topoi, die derart leicht nicht sind.

Eine Serie von Juwelendiebstählen in den Grand Hotels der
Côte d'Azur lässt die französische Polizei zu der Schlussfolge-
rung kommen, dass John Robie (Cary Grant), bekannt als
»die Katze«, wieder aktiv ist. Robie, vor dem Zweiten Weltkrieg, während dessen er in der Résistance war, ein bekannter
Juwelendieb, lebt nunmehr allein und zurückgezogen in seinem Landhaus, unweit von Saint-Paul-de-Vence. Von seinem »Metier« hat er sich vor 15 Jahren verabschiedet. Doch
nicht nur die französische Sûreté unter Leitung des emsig-
trotteligen Kommissars Lepic (René Blancard) ist der Ansicht, dass Robie wieder als »die Katze« umherstreicht, auch
seine alten Kumpane aus Résistancezeiten, die unter der Ägi-
de von Bertani (Charles Vanel) in Monaco am Hafen ein
Restaurant betreiben, argwöhnen, dass er sich abermals oben
bereichere, während sie unten schuften. Unter den Kellnern
sind auch der alte Kämpfer Foussard (Jean Martinelli), der
sich mit seinem Holzbein dahinschleppt, sowie seine junge
kecke Tochter Danielle (Brigitte Auber). Um seine Unschuld
zu beweisen, macht sich Robie auf die Suche nach dem eigentlichen Täter. Mit Hilfe des britischen Versicherungs-
agenten H. H. Hughson (John Williams), der ihm eine Liste
von potentiell bedrohten Versicherten zusammenstellt, und
mit der falschen Identität des Holzhändlers Konrad Burns
aus Oregon, lernt er alsbald die Stevens kennen: Mrs. Stevens (Jessie Royce Landis), »the American woman with the
diamonds and the daughter«, wie Robie sie einmal süffisant
gegenüber Hughson nennt (alle Dialogauszüge: *To Catch
a Thief*, Synchron- und/oder Originalfassung; DVD Paramount 2003). Besagte Tochter, das ist Frances Stevens (Grace

Kelly), Francie gerufen, eine junge kühle Blonde, in einem eisblauen Kleid.

Auch in diesem an der lichtdurchfluteten französischen Riviera angesiedelten doppelbödigen Katz-und-Maus-Spiel setzt Alfred Hitchcock mehr auf visuelles denn auf verbales Erzählen. Und das Verbale ist hier nahezu durchweg mehrdeutig. Es beginnt bereits mit dem (Original-)Titel: *To Catch a Thief*, das bezieht sich gleich auf mehrere Personen, auf mehrere Konstellationen und enthält mehrere Konnotationen. »Mit Dieben fängt man Diebe« lautet ein Sprichwort. Der zwar sehr populäre, jedoch auch sehr einfältige deutsche Titel *Über den Dächern von Nizza* enthält all dies nicht. Gewiss, es gilt, »die Katze« zu fangen und zu identifizieren. Aber wer ist hier nicht alles eine Katze?! John Robie war es einmal und wird nun abermals verdächtigt. Doch auch Frances ist eine Katze, eine, die den vermeintlichen Juwelendieb auf ganz anderer Ebene jagt, auf emotional-erotischer, nahezu fetischistischer. Nicht zuletzt gibt es die dritte Katze, die junge Danielle, die der eigentliche Juwelendieb ist und im Auftrag Bertanis handelt. Und auch Danielle hätte Robie gerne gefangen, um mit ihm nach Südamerika zu gehen.

Nichts ist in *To Catch a Thief* so, wie es auf Anhieb erscheinen mag. Vieles scheint eine Täuschung, eine Fälschung, eine Doublette zu sein. Ein einziges Vexierspiel. Es geht, wie so oft bei Hitchcock, um Identitäten, um echte und falsche, um doppelte und wechselnde. So wie es hier ohnehin unentwegt um Original oder Fälschung geht, um Vertrauen oder Misstrauen, um Miteinander oder Gegeneinander.

Als Robie bei Bertani in dessen Restaurantbüro in Monaco ist – auf dem Weg dorthin, auf der Flucht vor Lepic, nimmt er den Bus, setzt sich auf die hinterste Bank, und links neben ihm steht ein Vogelkäfig mit zwei Vögeln, als er nach rechts blickt, sitzt dort, stoisch geradeaus schauend, Alfred Hitchcock –, da sagt dieser zu ihm leicht provokativ: »Ah, die Katze ist nervös.« Und als Danielle ihn mit dem Boot vom Restaurant aus nach Cannes fährt, an den Strand des »Carlton Hotel«, um der Polizei zu entkommen, da häufen sich ihre Anspielungen nur so. »Es muss doch etwas Wahres daran sein

– Katzen scheuen Wasser«, meint sie etwa, als Robie angesichts des aufpeitschenden Wassers bekundet, er werde noch ganz nass. Später bittet er Frances im offenen, wiederum eisblauen Cabrio, die Serpentinen hoch über Monaco langsamer zu fahren, nachdem sie die ihn verfolgenden Polizisten abgehängt haben. Daraufhin entfährt es Frances: »Ja, die Polizei verfolgt Sie – John Robie, die Katze!« Und, als sie kurz darauf mit Picknickkorb (»You want a leg or a breast?«) im Wagen sitzen, sagt sie: »Einen Juwelendieb zu fangen ist wahnsinnig aufregend.« Im Original ist ihr Satz noch expliziter: »I never caught a jewel thief before. It's stimulating. It's like …« Dann schlägt sie ihm ironisch vor, einige der anderen an der Riviera residierenden Reichen kennend, gemeinsame Sache zu machen: »Die Katze hat ein neues Kätzchen.«

To Catch a Thief,
1955

To Catch a Thief mutet an wie der systemimmanente Gegenentwurf zu dem knapp zehn Jahre späteren Film *Marnie*: Dort ist eine Frau die Kleptomanin, Marnie Edgar (Tippi Hedren), die von einem Mann, Mark Rutland (Sean Connery), erwischt, begehrt, geheilicht und vergewaltigt wird. Hier ist es Frances, auf die das Stehlen von Juwelen eine erotische Anziehung ausübt. Sie bietet sich Robie förmlich an: »Sie sind direkt vor dem Ziel Ihrer Wünsche, aber können es noch nicht ganz erreichen«, sagt sie ihm auf ihrem Hotelzimmer im abendlichen Dunkel, während draußen das Feuerwerk immer intensiver wird. Dabei stellt sich Grace Kelly für einen Moment so, dass sie lediglich halsabwärts zu sehen ist, das Brillantcollier um ihren Hals funkelt, während ihr Gesicht im Dunkel ist. Eine äußerst geschickte choreographische Anordnung, die der hitchcockschen Visualisierung dient. Auf dem Sofa schließlich legt sie ihm das um ihren Hals hängende Collier über die Finger, die sie vorher küsste: »Greifen Sie zu, worauf warten Sie, sie sind kostbar. […] Haben Sie schon jemals ein besseres Angebot gehabt – alles auf einmal.« Doch Robie hat längst erkannt, dass das Collier eine Imitation ist. Aber sie sei keine, bemerkt Frances. Die erotischen Konnotationen sind nun eindeutig. Dies kulminiert in Mrs. Stevens' Satz, als Frances nach ihrer Liebesnacht mit Robie und dem anschließend entdeckten Diebstahl der mütterlichen Juwelen mit bockiger Überzeugung zu ihr sagt: »Er ist nichts als ein gemeiner Dieb«. Daraufhin die Mutter trocken: »Ach, was hat er dir denn schon gestohlen?«

To Catch a Thief basiert auf dem 1952 erschienenen gleichnamigen Roman von David Dodge. John Michael Hayes, der hier sein zweites Drehbuch für Hitchcock verfasst, adaptiert Dodges Roman mit geradezu Funken sprühenden, intelligenthumorigen Dialogen voller Charme für die Leinwand. Der Unterschied zwischen der englischen Originalversion und der deutschen Synchronfassung ist bei *To Catch a Thief* geradezu frappierend. Von den diversen Zweideutigkeiten einmal abgesehen, die nur manchmal ins Deutsche übernommen wurden, steht eine Szene hierfür ganz exemplarisch: Robie und Versicherungsagent Hughson essen auf Robies Terrasse zu Mittag. Es geht um die Diebstähle und um Robies Vergangenheit. Das Wort »Résistance«, welches in der Originalfassung diverse Male fällt, ist in der deutschen Fassung kein einziges Mal zu hören, hier geht es, wenn überhaupt, lediglich um einen »Widerstand im Untergrund«. Originalfassung: »Hughson: ›Bertani said you were something of a celebrity in the Underground Army.‹ – Robie: ›I was in the Resistance.‹ – Hughson: ›Did you kill many people?‹ – Robie: ›72.‹« Synchronfassung: »Hughson: ›Bertani sagte mir, Sie wären mal in Ihrem Fach ein berühmter Mann gewesen.‹ – Robie: ›Man tut

Ein Fall von Zensur?

Werk

was man kann.‹ – Hughson: ›Haben Sie auch Gewalt ange-
wendet?‹ – Robie: ›Na, wenn's nötig war.‹«
Und als es kurz darauf beim Auftischen der hauseigenen zar-
ten Quiche Lorraine um Robies äußerst korpulente Haushälterin und Köchin Germaine (Georgette Anys) geht: »Robie:
›Germaine has very sensitive hands, an exceedingly light touch.
She strangled a german general once – without a sound!‹ –
Hughson: ›Extraordinary woman.‹« Die deutsche Fassung
macht hieraus verharmlosend-entpolitisierend Folgendes:
»Robie: ›Ja, Germaine hat sehr viel Fingerspitzengefühl. Ihre
äußere Erscheinung täuscht. Sie hat mal im Zirkus einen aus-
gebrochenen Löwen eingefangen – mit bloßen Händen!‹ –
Hughson: ›Eine außergewöhnliche Frau.‹« Zehn Jahre nach
Kriegsende und der deutschen Kapitulation scheinen solche
Dialoge – selbst in einem scheinbar vollkommen unpolitischen
Hitchcock-Thriller – in den Augen der deutschen Filmverlei-
her noch nicht vertretbar.

To Catch a Thief wird im Breitwandverfahren VistaVision gedreht, dem Pendant der Paramount Studios zum Cinema-
Scope von Warner und Fox. Der Film ist in einem wunder-
schönen bunten Farbspektrum gehalten, mit gleißendem Licht,
und die grüngrauen Nächte hat Hitchcock bewusst mit einem
Grünfilter fotografieren lassen. Für seine fotografische Leis-
tung erhält Kameramann Robert Burks denn auch einen »Oscar«. Für Grace Kelly ist es nach *Dial M for Murder* und *Rear
Window* die dritte und letzte Zusammenarbeit mit Alfred
Hitchcock – der Regisseur verlor sie just durch ihre späteren
Aufenthalte an der Côte d'Azur an Fürst Rainier III. von
Monaco, der die blonde Amerikanerin umwirbt und schließlich im April 1956 heiratet. Ein herber Verlust für Hitch: Für
ihn dürfte Grace Kelly in *To Catch a Thief* – mehr als alle anderen seiner Aktricen – das Ideal schlechthin der vermeintlich
kühlen Blonden verkörpert haben.

Grace Kelly und Fürst Rainier III.

To Catch a Thief endet nicht unbedingt mit einem veritablen
Happy End. Der zweideutige Schlusssatz liegt bei Frances, die
Robie zu seinem Landsitz nachfährt. Als sie sich schließlich in
den Armen halten und küssen, entfährt es ihr: »Also hier oben
bist du zu Hause – Oh, Mutter wird sich hier wohl fühlen!«

> »Auch wenn ich mich auf der Leinwand mit Sex befasse, vergesse ich nie, daß der Suspense die Hauptsache ist. Wenn der Sex zu aufgetragen, zu dick ist, gibt es keinen Suspense mehr. Weshalb ich immer wieder auf die mondän reservierten blonden Schauspielerinnen zurückkomme? Ich brauche Damen, wirkliche Damen, die dann im Schlafzimmer zu Nutten werden. Der armen Marilyn Monroe konnte man den Sex vom Gesicht ablesen, auch Brigitte Bardot, und das ist nicht besonders fein.« (Hitchcock über sein Ideal blonder Frauen; Truffaut 1999, S. 188)

Vertigo

(Aus dem Reich der Toten) USA 1958. U.a. mit James Stewart, Kim Novak, Barbara Bel Geddes, Tom Helmore, Konstantin Shayne

Es ist der schiere Albtraum. Eine Verfolgungsjagd über die Dächer von San Francisco. Drei Männer – vorneweg der Gejagte, der Verbrecher, dahinter der Polizist, zuletzt der Detective. Er schafft den Sprung von einem Häuserdach zur gegenüberliegenden Dachschräge nicht ganz, rutscht ab und kann sich gerade noch mit beiden Händen an der Dachrinne festhalten, unter ihm ein tiefer Abgrund. Der vorauseilende Polizist bemerkt das, hält inne, kehrt um, will dem Detective helfen. »Geben Sie mir Ihre Hand!« ruft er zweimal, verliert dann selbst den Halt und stürzt mit einem markerschütternden Schrei in die Tiefe. Der Detective wird gerettet. Er heißt John Ferguson (James Stewart) und wird von allen nur Scottie gerufen. Mit dem Fotografen in *Rear Window*, L. B. Jeffries – ebenfalls von James Stewart dargestellt – hat er etwas gemein: Sie sind gehandicapt, sind nur bedingt beweglich, sind unfrei. Während Jeffs Bein eingegipst ist, trägt Scottie ein Gipskorsett. Zwei Gefangene. Und zwei Voyeure. Der eine observiert seine Nachbarschaft mit dem Fernglas, der andere observiert eine Frau.

Nach der nächtlichen Verfolgungsjagd ist Scottie bei seiner ehemaligen Verlobten Midge Wood (Barbara Bel Geddes). Scottie hadert mit seinem Schicksal, hat den Dienst quittiert, denn durch den Vorfall hat er erkannt, dass er an Akrophobie

(Höhenangst) leidet, die ihm beim Blick aus großer Höhe Schwindelanfälle (engl.: vertigo) verursacht. Als der traumatisierte Ex-Polizist von seinem früheren Collegekameraden Gavin Elster (Tom Helmore) gebeten wird, seine Frau Madeleine (Kim Novak) zu beschatten, nimmt das Unheil seinen Lauf. Madeleine sei, so Elster, vom Geist einer toten Verwandten besessen, Carlotta Valdes, die einst Selbstmord beging, und nun auch von suizidalen Gedanken beherrscht. Scottie nimmt sich, zunächst recht widerwillig, dieses merkwürdigen Auftrags an und folgt Madeleine überallhin: Das erste Mal sieht er sie im Restaurant »Ernie's«: Während er an der Bar sitzt, fährt die Kamera (Robert Burks) durch die Restauranträume, deren Wände von einem samten glänzenden, tiefen Rot sind, bis in der Mitte des Raumes Madeleine zu sehen ist, am Tisch sitzend mit Gavin Elster. Mit ihrem blonden Haar und ihrem schwarz-grünen Kostüm hebt sie sich von allen anderen Gästen ab. Grün ist in der Kulturgeschichte auch die Farbe aller gespenstischen Erscheinungen, aller Geister und lebenden Toten. Die Komplementärfarben Grün und Rot ziehen sich durch den ganzen Film. Madeleine sitzt dort wie eine Statue, unnahbar, kühl und von großem Reiz. Von hinten fährt die Kamera auf Kim Novaks Rücken zu, um, wie so oft in Hitchcock-Filmen, auf ihrem Haar zu verharren. In diese Frau wird sich Scottie unsterblich verlieben. Im Raum sind rote und weiße Blumen, die sich später auch auf einem Gemälde in Carlotta Valdes' Strauß wiederfinden. Als Madeleine und Gavin Elster an der Bar entlang zum Ausgang gehen, wobei Madeleine eher schwebt als geht, da bleibt sie einen Moment lang auf Scotties Höhe stehen, direkt hinter dessen Rücken, und ist in einem Close-Up im Profil zu sehen. Nur er kann sie nicht sehen. In diesem Moment umgibt sie ein besonderes Licht, und die symphonische, von einer tiefen romantischen Sehnsucht durchdrungene Musik von Bernard Herrmann, die mehrfach das »Liebestod«-Motiv aus Richard Wagners Oper *Tristan und Isolde* und den »Feuerzauber« aus der *Walküre* variiert, hebt an. Es ist ein auratischer Moment. Erst als Madeleine und ihr Ehemann auf den Ausgang zugehen, kann Scottie sie wirklich von vorne sehen – in einem Spiegel. Die

Komponist Bernhard Herrmann, vgl. S. 49

erste visuelle Begegnung Scotties mit seiner Isolde ist somit eine indirekte, eine Spiegelung. Doch auch Doppelungen evozierende Spiegel verheißen bei Hitchcock meist nichts Gutes.

Tags darauf folgt Scottie Madeleines grünem Wagen durch die Straßen von San Francisco: Erst führt ihr Weg in einen Blumenladen, in dem sie sich einen kleinen Handstrauß aus roten und weißen Blumen binden lässt; dann geht es weiter zur Dolores-Mission und dem Friedhofsgarten, wo Madeleine am Grab der Carlotta Valdes steht, eine Sequenz, die Hitchcock mit Weichzeichnern fotografiert, um den surrealen Charakter hervorzuheben; danach fährt sie zum Palast der Ehrenlegion, wo sie sich in der Gemäldegalerie vor das Bildnis der Carlotta setzt, neben ihr auf der Sitzbank exakt jener Strauß, wie er auf dem Gemälde zu sehen ist; danach geht es in das »McKittrick Hotel«, das ehemalige Zuhause der Valdes-Familie, und die ganze Sequenz wirkt wie eine Antizipation von *Psycho*: Scottie sieht, wie Madeleine in das viktorianisch anmutende dunkle, alte Haus geht und wie sie oben am Fenster erscheint und sich die graue Kostümjacke auszieht. Als er selbst das Hotel betritt und sein Blick exakt so die Treppe hinaufgeht wie in *Psycho* jener des Detective Arbogast und ihm die alte Dame an der Rezeption beteuert, dass Madeleine, eingetragen unter dem Namen Carlotta Valdes, nicht auf ihrem Zimmer sei, da geht Scottie die Holztreppe hoch, die Kamera zeigt aus einer Aufsicht von oben die Treppe und den ersten Stock, und Madeleines Zimmer ist tatsächlich leer. Eine zutiefst gespenstische irrationale Szene, außerhalb von Raum und Zeit.

Nach dieser Exkursion fahren Scottie und Midge gemeinsam zu Pop Leibel (Konstantin Shayne), der sich in der populären Stadtgeschichte auskennt und ihnen von der tragischen Geschichte der Carlotta Valdes erzählt, »The beautiful Carlotta. The sad Carlotta«, die wahrscheinlich aus der Missionssiedlung »San Juan Bautista« unweit San Francisco stammte, die Geliebte eines reichen Mannes wurde, mit ihm in jenem viktorianischen Haus wohnte, ein Kind bekam und schließlich von dem Mann verlassen wurde. Er nahm das Kind mit. Das verkraftete sie nicht, wanderte ziellos umher, wurde »The mad

Werk

Carlotta« und beging schließlich Selbstmord. Im weiteren Verlauf der Erzählung verdunkelt sich der Raum der alten Buchhandlung, obgleich es draußen Tag ist. Erst als Scottie und Midge auf die Straße treten, wird es mit einem Mal wieder hell. So erzählt Hitchcock.

Anderntags folgt Scottie wieder Madeleine, abermals in die Gemäldegalerie, dann hinunter zur Bay ans Wasser. Hier, am »Old Fort Point«, direkt am Ufer unterhalb der Golden Gate Bridge, zupft sie erst die Blütenblätter des Blumenstraußes ab und wirft sie ins Wasser, dann springt sie selbst. Scottie rettet sie und trägt sie auf den Armen zum Wagen. Das Tragen lässt die Figur des heiligen St. Christophorus assoziieren. Scottie ist Madeleines Erretter, ihr Erlöser. Zunächst. Alfred Hitchcock lässt seine Hauptdarstellerin Kim Novak wiederholt ins Wasser springen, obgleich einer der vorherigen Takes längst gut ist. Sie ist eben nur zweite Wahl, wird ihm nie etwa eine Grace Kelly ersetzen können. Verlust und Ersatz. Darum geht es nicht nur in Hitchcocks Leben, sondern – auf anderer Ebene – auch im Film: Das ungeliebte lebende Subjekt wird hier zum geliebten toten Objekt. Zur Obsession.

Die Verfolgungsgänge sind eine Odyssee durch das Unbewusste, durch (Tag-)Träume auch. Was Scottie real zu sehen glaubt, entspricht seiner tiefen Sehnsucht. Das Element des Wanderns, des ziellosen Umherfahrens, das eine innere Unruhe, eine haltlose Getriebenheit voraussetzt, verbindet beide Charaktere. Beide mögen es – dieses »wandering about«. Beide scheinen nirgendwo richtig angekommen zu sein. Beide sind nicht bei sich.

Anderntags, nachdem sie ihn in den »Redwood Forest« geführt hat, dorthin, wo die jahrhundertealten, überdimensionalen Bäume stehen, »die ältesten Lebewesen«, angesichts deren Größe und Langlebigkeit sich der Mensch seiner Vergänglichkeit bewusst wird, erzählt Madeleine Scottie vor der tosenden Brandung des Meeres nach dem ersten Kuss von ihrem wiederkehrenden Albtraum.

Von nicht minder hypnotischem Surrealismus ist schließlich die folgende berühmte Sequenz im Turm der spanischen Mission »San Juan Bautista«, zu der es Madeleine magisch hin-

»Es ist, als ob ich einen langen Korridor entlanggehe, der einmal Spiegelwände hatte, und davon hängen immer noch Bruchstücke an den Wänden. Und wenn ich ankomme am Ende des Korridors, ist da nichts als Dunkelheit. Und ich weiß, wenn ich in diese Dunkelheit gehe ... sterbe ich. Aber ich bin nie bis ganz ans Ende gekommen, irgendetwas hat mich bisher immer davor bewahrt. [...] Da ist ein Raum. Und ich sitze darin allein – immer allein. [...] Und ein Grab. Es ist ein offenes Grab, und ich stehe am Grabstein und schaue hinunter. Es ist mein Grab. Ich weiß es. [...].« (Kim Novaks Monolog als Madeleine Elster; *Vertigo*, Synchronfassung, DVD Universal 2003)

zieht. Nachdem sie sich ihre Liebe füreinander eingestanden haben, sagt Madeleine: »It's too late. There's something I must do.« Dann läuft sie zum Gebäude, bittet Scottie, sie allein zu lassen, und steigt die Treppen des Turms empor. Scottie eilt hinterher, plötzlich ahnend, dass sie sich umbringen könnte. Doch seine Akrophobie hindert ihn, es bis ganz nach oben zu schaffen, immer wenn er hinuntersieht, verschiebt sich das alte Turmtreppenhaus: Vertigo, Schwindel. Kurz nachdem Madeleine das Obergeschoss des Glockenturms erreicht hat, stürzt sie sich in die Tiefe, was Scottie aus einem der Turmfenster sieht. Es ist wie ein Déjà-vu, wie das Erlebnis des an ihm vorbei fallenden Polizisten, für dessen Tod er Schuld empfindet. Eine fatale Retraumatisierung. Die hypnotische

Hypnotische Turmsequenz Turmsequenz setzt Hitchcock dabei mit einem gebauten Modell des Treppenhauses um, das in der Waagerechten liegt. Und während die Kamera rückwärts fährt, wird vorwärts gezoomt. So entsteht der Effekt des Schwindels. Einer der avantgardistischen Tricks des technikbesessenen Meisters.

In der Klinik, in die Scottie daraufhin eingeliefert wird, erklärt der Arzt Midge, der apathisch-wortlos dasitzende Scottie leide an einer akuten Melancholie und an einem Schuldkomplex, da er sich für den Tod Madeleines verantwortlich fühle. Dabei ist es gar nicht Madeleine, die vom Turm fiel. Die Madeleine, die Scottie erlebte, die heißt eigentlich Judy Barton (Kim Novak in einer Doppelrolle), ist Verkäuferin in einem Kaufhaus, lebt im »Empire Hotel« und ist die Geliebte

Gavin Elsters. Scottie begegnet ihr rein zufällig, vor einem Blumenladen, in dessen Schaufenster ein Blumenstrauß steht, der an jenen Carlottas / Madeleines erinnert. Judy nahm die Identität Madeleines an. Vom Missionsturm stürzte die wahre, zuvor von ihrem Mann ermordete Madeleine. Als Scottie in Judy Madeleine sieht und sie sich von ihm mehr und mehr in diese zurückverwandeln lässt, da ist auch diese abermalige Metamorphose ein Identitätsraub. Judy / Madeleine wünscht sich, dass Scottie sie um ihrer selbst willen liebe – »Couldn't you like me, just me, the way I am?« –, doch erst muss sie ganz Madeleine werden, damit er dazu fähig ist. Er liebt nur ihr Abbild. Er liebt eine Tote, die er zum Leben wiedererwecken will. Ein ebenso morbider wie narzisstischer Prozess. Alfred Hitchcock selbst hat in diesem Kontext *Vertigo* in einem schlichten Satz zusammengefasst: »Um es ganz einfach zu sagen: Der Mann möchte mit einer Toten schlafen, es geht um Nekrophilie.« (Truffaut 1999, S. 208)

Die Vergangenheit ist in *Vertigo* omnipräsent. Von den »Portalen der Vergangenheit« ist eingangs zwischen Scottie Ferguson und Gavin Elster die Rede, in Elsters Büro am Schiffshafen. *Vertigo* ist eine Abhandlung über das nie aufzulösende Dreiergeflecht aus Vergangenheit, Gegenwart und Zukunft. Das Drehbuch des im Spätherbst 1957 in den Paramount-Studios und in San Francisco gedrehten Seelendramas stammt von Alec Coppel und Samuel Taylor, basierend auf dem Roman *D'entre les morts* von Pierre Boileau und Thomas Narcejac.

Vertigo, 1958

So traumatisch der Beginn, so traumatisch das Ende: Nachdem Scottie den Mord an Elsters Gattin aufgedeckt hat, zwingt er Judy, mit ihm auf den Missionsturm zu steigen, wo sie – nach einem heftigen Streit und anschließendem Kuss – durch eine plötzlich aus dem Nichts auftauchende Nonne derart erschrickt, dass sie rücklings aus dem Fensterbogen stürzt – so

wie zuvor die wirkliche Madeleine. Der Kuss, mit dem Rücken zum Abgrund, geht ihrem Tod voraus. Liebe und Tod,
dicht beieinander. Der Schatten ist eine Nonne, just sie führt
den Tod herbei. Fassungslos tritt Scottie, der seine Höhenangst überwunden hat, aus dem Fensterbogen vor die äußere
weiße Turmwand, seitwärts die Arme anhebend, mit offenen
Handinnenflächen, voller Anklage und Hilflosigkeit. Und für
einen Moment mutet es an, als spiegele er das Bildnis des Ge-
kreuzigten wider. Selbst im Moment der Apotheose gibt es
bei Hitchcock keine wirkliche Hoffnung. Auch darin ist er
zutiefst wahrhaftig.

Psycho

USA 1960. U.a. mit Anthony Perkins, Janet Leigh, Vera Miles, John
Gavin, Martin Balsam

Es gibt wohl nur wenige Filme der internationalen Kinematographie, die von derart weitreichendem Einfluss waren und
sind wie *Psycho*. Noch heute gilt *Psycho* als Mutter des modernen Schockers und ist der erfolgreichste aller Hitchcock-
Filme. Der 1959 als schlichte Low-Budget-Produktion mit
dem Team der *Alfred Hitchcock Presents*-Reihe für lediglich
800 000 Dollar in Schwarz-Weiß gedrehte Film ist zu einem
Klassiker seines Genres geworden und, in dieser subtilen Form,
einer der ersten modernen Psychothriller überhaupt.

> »Die ganze Konstruktion des Films kommt mir vor, als steige
> man eine Art Treppe der Anomalie hinauf. Zuerst ein Beischlaf,
> dann ein Diebstahl, dann ein Mord, zwei Morde und schließ-
> lich Geisteskrankheit. Jede Etappe bringt uns eine Stufe höher.«
> (François Truffaut zu Hitchcock; Truffaut 1999, S. 240)

»Phoenix, Arizona – Friday, December the Eleventh – Two
Forty-Three P. M.« – die Titel zeigen nahezu dokumentarisch,
wo man sich befindet und wann. Darunter die Bilder: Die
Totale einer Stadt, über die die Kamera horizontal schwenkt;
dann ein Haus, ein Hotel, dem sie sich nähert; schließlich die
Fahrt auf das Fenster zu, herunter in der Vertikalen und nahezu durch den unteren offenen Fensterspalt hindurch, voyeu-
ristisch-verboten in das Zimmer hinein. Vom ganz Großen in

Werk

das ganz Kleine, vom Öffentlichen ins Private. Die Büroange-stellte Marion Crane (Janet Leigh) und ihr Geliebter, Sam Loomis (John Gavin), führen eine nur wenig beglückende Beziehung – können sie sich doch nur heimlich während Marions Mittagspause im Hotel sehen. Heimlich, mit gestohle-ner Zeit. Als Marions Chef sie am Nachmittag bittet, vor dem Wochenende noch 40 000 Dollar Bargeld (der »MacGuffin«) zur Bank zu bringen, da lässt sie sich freigeben, gibt vor, Kopf-schmerzen zu haben, packt ihre Koffer, zieht sich um – war sie eben noch in weißer Unterwäsche im Hotelzimmer zu sehen und hatte eine weiße Handtasche, so trägt sie nun schwarze Unterwäsche und hat eine schwarze Handtasche – und fährt mit dem gestohlenen Geld zur Stadt hinaus. Marion hat kein konkretes Ziel – außer, sich und Sam in Fairvale mit dem Geld die Freiheit zu erkaufen. Auf der Fahrt kommt sie abends in einem abgelegenen Motel unter, in »Bates' Motel«. Direkt hinter dem flachen, einem horizontalen Block gleichenden Motel mit zwölf Apartments – einer biblischen Zahl, die wei-tere religiöse Symbole antizipiert – steht, auf einem Hügel, ein altes, einem vertikalen Block ähnelndes viktorianisches Haus (inspiriert von Edward Hoppers Gemälde *House by the Railroad*, 1925). Der junge Motelbetreiber Norman Bates (Anthony Perkins) scheint dort mit seiner alten Mutter zu le-ben – Marion hört sie beide vom Fenster aus miteinander streiten (im amerikanischen Original wird die eigenwillig ver-fremdete Stimme der Mutter von drei Sprechern synchron eingesprochen, einem Mann und zwei Frauen). »My mother, she isn't quite herself today.« (US-Originalfassung) / »Meine Mutter ist heute nicht ganz bei sich.« (adäquate Überset-zung) / »Meine Mutter, sie ist nicht mehr so ganz beieinan-der.« (Synchronfassung), entschuldigt er sich nervös bei Mari-on. Bei einem kleinen Abendbrot kommen sie miteinander ins Gespräch. Das Zimmer, in dem sie sitzen, befindet sich zwischen dem Empfangsbüro und Apartment Nummer eins, in dem Marion untergekommen ist. Es ist klein und eng wie in einer Zelle, und überall an den Wänden hängen Vögel aller Arten, ausgestopfte Vögel, die Marion beim Betreten sogleich bemerkt – eine eindeutige Antizipation sowohl von *The Birds* als auch von *Frenzy*, wo tote Frauen etwa in Kartoffelsäcke gestopft werden.

Als Marion vor dem Zubettgehen eine Dusche nehmen will und sich auszieht, beobachtet Norman sie durch ein in die Trennwand zwischen Büro-Wohnzimmer und dem ersten Apartment

Psycho, 1960

eingefügtes Loch, welches von einem alten Gemälde, dem biblischen Motiv *Susanna im Bade*, verdeckt wird. Norman wird zum Voyeur – und mit ihm der manipulierte Zuschauer. Kurz darauf wird Marion in der Dusche von einer plötzlich hinter dem Vorhang auftauchenden alten Frau mit einem Dutzend Messerstichen brutal umgebracht. Es ist dies eine Sequenz von ungeheurer abrupter Brutalität und nackter Gewalt, obgleich das Messer nie sichtbar den Körper berührt. Die Duschsequenz dauert insgesamt etwa zwei Minuten, der Mord selbst lediglich 45 Sekunden. Diese 45 Sekunden werden in 70 Kameraeinstellungen, also in einer extrem schnellen Schnittabfolge gezeigt, wodurch – ergänzt von den stakkatohaft peit-

**Die Dusch-
sequenz:
45 Sekunden,
70 Einstellungen**

schenden Streichern der Musik von Bernard Herrmann – die
Gewalt erst als Synthese im Kopf des all diese visuellen und
akustischen Eindrücke rezipierenden Zuschauers entsteht. Allein der Dreh dieser Sequenz (Storyboard: Saul Bass) dauerte
eine ganze Woche. Als Norman die Tote entdeckt, ist er scho-
ckiert, säubert aber dann das blutverschmierte Bad und ver-
senkt schließlich Marions Wagen – darin im Kofferraum ihre
Leiche, ihr Gepäck, ihre Kleider und das in eine Zeitung ein-
gerollte gestohlene Geld, von dem Norman nichts weiß – im
nahe gelegenen Sumpf. Der alte abgestorbene verknöcherte
Baum, der unmittelbar neben ihm steht, mit seiner vertikalen
und horizontalen Ausprägung, er mutet wie ein Kreuz an. Als
der Wagen für einen Moment aufhört, weiter zu sinken, hält
der Zuschauer zusammen mit dem nervösen Norman die
Luft an, wünschend, das Auto möge ganz versinken. Als dies
schließlich mit einem Schmatzen des Sumpfes geschieht, ist
ein Zucken in Normans Mundwinkel zu sehen, huscht ein
diabolisch zufriedenes Lächeln für Sekunden nur über sein Gesicht – und der Zuschauer atmet erleichtert auf, ist zum Komplizen geworden. Und spätestens hier hat er die Seiten ge-
wechselt, ist in seiner eigenen Zerrissenheit, wem er denn nun
seine Sympathie schenken soll, schließlich von der ihm ge-
nommenen vermeintlichen Protagonistin Marion zu Norman
übergelaufen. Hitchcock hat den Zuschauer voll und ganz in
seiner Hand und spielt auf der Klaviatur von dessen emotio-
naler Wahrnehmung. »Worauf es mir ankam, war, […] das
Publikum zum Schreien zu bringen.« (Truffaut 1999, S. 241)
Auf Marions spurloses Verschwinden reagieren mehrere Menschen, die sie vermissen: ihre Schwester Lila Crane (Vera
Miles), ihr Chef sowie auch Sam. Und da wäre noch der Ver-
sicherungsdetektiv Milton Arbogast (Martin Balsam), der im
Auftrag von Marions Chef ermittelt, geht es doch schließlich
um 40 000 Dollar. Arbogast, der bei einem Gespräch mit
Norman im Büro des Motels misstrauisch geworden ist, will
Normans Mutter im Haus aufsuchen und sprechen – und
wird von dieser auf der Treppe zum ersten Stock erstochen.
Arbogasts Fall rücklings die Treppe hinunter mutet dabei na-
hezu wie ein Schweben an.

»Das haben wir alles mit einem ›Double-Print‹ gemacht. Er (Martin Balsam) ist nicht eine einzige Stufe heruntergefallen. Er saß die ganze Zeit in einem sehr bequemen Sessel und hat sich einfach nur so hingelegt. (Hitchcock rekelt sich in seinem Sessel und breitet beide Arme nach links und rechts aus, so, als ob er nach hinten fallen würde). Wir haben erst den Hintergrund aufgenommen, um ihn dann davor nach unten zu bewegen. Sehen Sie, so verdienen Schauspieler ihr Geld. Indem sie nicht mal die Dinge tun müssen, die sie eigentlich tun sollten.« (Hitchcock über die Treppenmord-Sequenz; *The Dick Cavett Show*; 8. Juni 1972)

Als Lila und Sam zum Motel fahren, und Lila oben im Haus Mrs. Bates sucht und schließlich unten im Keller auf ihren halb skelettierten, ausgestopften Leichnam stößt, da stürzt der als seine Mutter verkleidete Norman mit erhobenem Messer auf Lila zu, und Sam kann ihn im letzten Moment halten. Norman windet sich in Sams Umklammerung, dabei quälende Laute ausstoßend, und es ist dies ein Kampf mit und gegen sich selbst, mit seinen verschiedenen Ichs. Eine groteske, zutiefst erschütternde Szene. Die Schlusssequenz zeigt Norman in einer Gefängniszelle in eine Decke eingehüllt, auf einem Stuhl sitzend, wie er als Mutter Bates einen inneren Monolog führt. Es ist nunmehr ganz die Mutter, die hier spricht, die von Norman vollständig Besitz ergriffen, ihn entindividualisiert hat: »Als ob ich etwas anderes tun könnte als sitzen und starren, wie seine ausgestopften Vögel.«

Psycho, das ist eigentlich keine filmische Erzählung mit einem narrativen Handlungsverlauf und realen Figuren, *Psycho* ist die subtil-präzise Visualisierung eines Seelenzustandes, einer Geistesverfassung. Hitchcocks Bilder sagen deutlich mehr, als sie zeigen. Und so ist die viktorianische Villa hinter »Bates' Motel« denn auch die Symbolisierung des freudschen Strukturmodells (vgl. Žižek 2002, S. 181 ff. u. 189 ff.). Das »Ich« wohnt im Parterre – dort verhält sich Norman, hält er sich mal dort auf, »normal« und ruhig. Das »Über-Ich« wohnt im ersten Stock – dort »lebt« die Mutter, als inkarnierte Instanz des Gewissens, das Norman stets gemahnend im Nacken sitzt.

Die viktorianische Villa als freudsches Strukturmodell

Werk

So ist sein Gang, wenn er nach oben steigt, ein merkwürdiger, ein fahrig-nervöser, gehemmter. Das »Es«, Sitz der (Todes-) Triebe, wohnt im Keller – dort, wohin Norman schließlich auf den Armen die tote Mutter trägt, runter zum Obst, obgleich sie, wie sie schimpfend sagt, doch nicht »fruity« (verrückt) sei. Die Kamera (John L. Russell) begibt sich hierbei in einen Winkel, der keiner menschlichen oder subjektiven Sichtweise entspricht, eher einer transzendenten, womöglich einer göttlichen: Ähnlich wie bei dem Mord an Arbogast geht sie von der Treppe mit einem Schwenk nach oben unter die Decke, um sodann in der Vertikalen senkrecht nach unten zu sehen, auf den Treppenabsatz, die Treppe selbst und die offenstehende Tür zu Mutter Bates' Zimmer. Ein zutiefst verstörender Blickwinkel. Während dieses Gangs von Norman, dieses Tragens, sind gewissermaßen alle drei Ebenen miteinander verbunden, stehen in Interaktion miteinander. Das »Ich« ist hier in der Tat nicht mehr Herr im eigenen (freudschen) Haus. Je mehr Norman / der Zuschauer dem »Über-Ich« gehorcht, umso schuldiger fühlt er sich.

Psycho, nach dem Roman von Robert Bloch (Drehbuch: Joseph Stefano) ist die ins Außen verlagerte, visuell veranschaulichte Introspektion einer Seele, ähnlich wie *Shadow of a Doubt*, *Strangers on a Train*, *Rear Window*, *Vertigo* und *The Birds*. Und so wie es in *The Birds* nur auf der oberflächlichsten aller Deutungsebenen um scheinbar aggressive Angriffe von Vögeln auf scheinbar unschuldige Menschen geht, um den Racheakt der Natur an ihrem Zerstörer, so geht es in *Psycho* nur auf den ersten Blick um einen psychopathischen Motelbetreiber und Frauenmörder. Das Wesentliche ist auch hier nicht real sichtbar, es ist vielmehr intuitiv spürbar, es liegt wie ein mentaler Schleier über allem. Dabei geht ein nahezu unerklärlicher Sog von diesen doch kühlen, klaren, geometrisch angeordneten Bildern aus. Ein Sog, der bereits mit dem Vorspann einsetzt. Vertikale und horizontale Linien und Schnitte gehen mit dem Peitschenden, dem Schneidenden der Geigen einher. So nimmt selbst Herrmanns hypnotische Musik motivisch das zustechende Messer vorweg, die Zerrissenheit der beiden Hauptfiguren Marion und Norman.

Marions Nachname Crane hat im Englischen die Bedeutung Kranich und assoziiert zugleich das lateinische Cranium (Schädel). Dem Nachnamen Marions ist also die ganze Ambivalenz implizit, die hier motivisch wiederum mit Normans Mutter assoziiert wird: Sowohl im Keller, wo Mrs. Bates' auf einem

Psycho, 1960

Drehstuhl sitzender mumifizierter Körper sowie ihr Schädel für einen Moment zu sehen sind, als auch später in der für den Bruchteil einer Sekunde währenden Überblendung von Normans Gesicht mit dem Schädelgesicht der Mutter hat sie und somit schließlich auch er etwas Vogelhaftes. Im Moment der Überblendung sieht Norman in die Kamera, frontal, und er/sie sieht damit uns, die Zuschauer, seine/ihre Komplizen, an. Der Blick ist vollkommen entleert, ist vollkommen seelenlos. In dieser »Unentscheidbarkeit, diesem unmittelbaren Zusammenfallen der Gegensätze« (Žižek 2002, S. 247), liegt die totale Entseelung Normans, dessen maternes »Über-Ich« ihn längst vollends bewohnt. Anthony Perkins' finaler Schlussblick ist »wie der Blick der Monster und der lebenden Toten«. (Žižek 2002, S. 248)

Psycho gerät nach seiner New Yorker Premiere am 16. Juni und dem darauffolgenden Start in den amerikanischen Kinos zu einem regelrechten Massenerfolg, in Drive-in-Kinos etwa wird der zweite Film gestrichen, und Autos stehen über eine Länge von drei Meilen für Hitchcocks Film Schlange. Das schockierte Publikum flüchtet dennoch teils während der Vorführungen aus den Kinosälen, viele Frauen gehen fortan eine ganze Zeit lang nicht mehr unter die Dusche.

> »Einmal erhielt ich einen Brief von einem Herrn, der mir schrieb: Meine Tochter hat den französischen Film *Les diaboliques* (*Die Teuflischen*, 1955; Regie: Henri-Georges Clouzot) gesehen und weigert sich seither, ein Bad zu nehmen, weil in einer Szene des Films ein Mann aus der Badewanne steigt und sich die Augen herausnimmt und so weiter, eben eine Horrorszene [...]. Jetzt hat sie *Psycho* gesehen und will auch nicht mehr duschen – mit dem Ergebnis, dass man sich nur noch äußerst ungern in ihrer Nähe aufhält. Ich habe ihm daraufhin geantwortet: Geehrter Herr, am besten schicken Sie sie in die Reinigung!« (Hitchcock über die mannigfaltigen Folgen der Duschmord-Sequenz; *The Dick Cavett Show*; 8. Juni 1972)

The Birds

(Die Vögel) USA 1963. U. a. mit Tippi Hedren, Rod Taylor, Jessica Tandy, Suzanne Pleshette, Veronica Cartwright

The Birds ist einer der komplexesten Filme Alfred Hitchcocks. Zweifelsohne ist es sein technisch innovativster, sein stilistisch avantgardistischster – ein moderner Klassiker. In nahezu keiner anderen Arbeit lässt sich derart klar und deutlich ablesen, wie sehr Hitchcock seiner Zeit voraus ist. Nicht nur, dass er mit der sehr freien Adaption von Daphne du Mauriers 1952 erschienener gleichnamiger Kurzgeschichte ganz ähnlich wie mit *Psycho* ein ganzes Genre revolutioniert, wenn nicht gar neu definiert, sondern auch Dinge zeigt, die in dieser Art und Weise noch nie zuvor auf der Leinwand oder dem Bildschirm zu sehen waren. Und wie *Psycho* auch ist *The Birds* längst in das kollektive Gedächtnis eingegangen.

»Nur ruhig, nur ruhig, sie kommen schon!« (Hitchcock angesichts der Ungeduld der Zuschauer; Truffaut 1999, S. 245)

Das Zellen-Motiv

In »Davidson's Pet Shop« – zentral an einem Platz in San Francisco gelegen, über dem sich ein Schwarm Vögel kreisend versammelt und aus welchem Hitchcock mit seinen beiden eigenen weißen Terrierhunden herauskommt – lernt der eher geerdete Anwalt Mitch Brenner (Rod Taylor) die etwas arrogant-snobistisch auftretende Melanie Daniels (Tippi Hedren) kennen, eine junge Frau aus der gehobeneren Gesellschaft. Wenngleich er ihr eher sarkastisch begegnet, als es gilt, einen im Laden umherflatternden Vogel wieder einzufangen, so hat Mitch doch einen Eindruck bei der verwöhnten Society-Frau hinterlassen. Und so kauft sie denn als Vorwand zwei »Love Birds« für seine kleine Schwester Cathy (Veronica Cartwright) und fährt mit dem goldenen Käfig und den beiden Vögeln im Wagen raus ins nördlich gelegene Bodega Bay, wo die Brenners wohnen. Als sie mit einem kleinen Motorboot innerhalb der Bucht von einem Ufer zum anderen übersetzt, wird sie urplötzlich von einer Möwe attackiert und an der Stirn verletzt – es ist, als sei dies ein den Eindringling warnender Vorbote, einer von Apolls Propheten, wie es bei Aristophanes steht. Der am Bootssteg wartende Mitch sieht dies. Melanie entschließt sich spontan, über Nacht zu bleiben, und kommt bei Annie Hayworth (Suzanne Pleshette) unter, der Lehrerin an der Dorfschule – und ehemaligen Geliebten Mitchs. Annie, die die Zuneigung zwischen Melanie und Mitch spürt, warnt ihre potentielle Nachfolgerin vor Mitchs dominant-possessiver Mutter Lydia (Jessica Tandy). Am darauffolgenden Tag kommt es auf Cathys Kindergeburtstag – ihrem elften –, der im Garten der Brenners stattfindet, beim Blindekuh-Spiel zum ersten größeren Angriff der Vögel, zunächst nur durch Seemöwen.

Unmittelbar davor – es dürfte dies denn auch der Auslöser der ersten Attacke sein – haben sich Mitch und Melanie auf einem dem Garten nahe gelegenen Hügel unterhalten. Dabei reden sie auch über beider Mütter: Melanie hat die ihre nicht mehr gesehen, seit sie elf ist. Mitch verbringt jedes Wochenende bei der seinen. Umgekehrt wendet sich Melanie in vielem telefonisch an ihren Daddy, einen einflussreichen Zeitungsmacher in San Francisco, während Mitchs Vater vor vier Jahren starb und eine große Lücke hinterließ, was wiederum die ödipale Beziehung zwischen Mitch und Lydia – die er im Original mit »Darling« anredet – nur verstärkt. *The Birds* setzt dieses Subthema aus *Psycho* fort, welches in *Marnie* seinen vorläufigen und in *Frenzy* seinen endgültigen Abschluss findet.

Fortan mehren und intensivieren sich die Angriffe der Vögel, sei es durch Massen an Spatzen, die durch den Kamin in das Haus der Brenners eindringen – wo Melanie inzwischen untergekommen ist, sehr zum Missfallen von Mitchs argwöhnischer Mutter Lydia –, sei es durch einen Angriff von Krähen auf die die Schule verlassenden Kinder, sei es auf einem zentralen Dorfplatz bei der Tankstelle, wo ein Großbrand ausbricht. Bei einer der Attacken kommt Annie, die Cathy schützen wollte, ums Leben. Die Sequenz mit Tippi Hedren in einer gläsernen Telefonzelle nahe der Tankstelle, ringsherum attackiert von Seemöwen, aus der Seiten- und der Aufsicht von oben gezeigt, steht stellvertretend für Hitchcocks Gefängnisszenen, die er oft einsetzt. Die Telefonzelle ist die Gefängniszelle ist der Menschenkäfig (wie die Duschzelle aus *Psycho*). Bei einem weiteren Angriff im brennerschen Haus wird Melanie auf dem Dachboden – wieder eine hermetisch abgeschlossene Gefängniszelle – schwer traumatisiert.

Der Dreh der Sequenz auf dem Dachboden dauert eine knappe Woche, und Hitchcock hat ihn an das Ende der Dreharbeiten gelegt. Was Tippi Hedren während der ganzen Drehzeit zuvor nicht ahnt – während es das ganze Team weiß –, ist, dass es keine mechanischen Vögel sein werden, die sie angreifen, sondern echte. Echte, die, teils lose Drähte und elastische Gummibänder an ihren Krallen, mit Hedrens grünem Kostüm verbunden sind, sodass sie sie immer wieder angreifen.

»Das ganze Team hat mich angelogen, monatelang. Ich hatte keine Ahnung davon. [...] Fünf Tage lang wurden Vögel auf mich geworfen. Manchmal glaube ich, dass genau diese Szene der Grund war, weswegen Hitch eine unbekannte Schauspielerin engagiert hat. Ich glaube nicht, dass irgendeine etablierte Schauspielerin diese Szene gedreht hätte.« (Tippi Hedren über den Dreh der Dachboden-Sequenz; WDR-Archiv, unveröffentlicht, ARD-*Legenden* 2008/09)

Einer der Vögel hackt Hedren beinahe ein Auge aus, und nach dieser Woche erleidet sie, in vollkommener Erschöpfung, einen Nervenzusammenbruch. »Ich muss zugeben, dass Tippi Hedren sich etwas über meinen Vater aufregte, und wahrscheinlich hatte sie recht.« (Patricia Hitchcock; Gespräch mit dem Autor, Februar 1997)

Das erste Todesopfer der Vögel, vor Annie noch, ist ein Farmer aus dem Ort. Dem getöteten Nachbarn, den Lydia in dessen Schlafzimmer entdeckt, wurden die Augen ausgehackt – er ist nicht mehr sehend, ist erblindet, und ähnelt hiermit den ausgestopften Vögeln des Norman Bates sowie dessen konservierter Mutter Mrs. Bates im Keller. Der stumme Schrei Lydias beim Hinausrennen durch Haus und Garten, er lässt Edvard Munchs grotesk-wahnhaftes Gemälde *Der Schrei* (1893) assoziieren. Lydia Brenner vermag es nicht mehr, ihren Schock auch nur lauthals herauszubrüllen. Als die Vögel schließlich mehrfach und in ganzen Scharen massiv angreifen, ist das Geschrei derart schrill und intensiv, dass man auch nichts anderes mehr hören kann (sämtliche Vogelschreie und Geräusche sind von den beiden Deutschen Remi Gassmann und Oskar Sala nach **Trautonium** Entwürfen von Hitch und Bernard Herrmann am Trautonium, einem Vorläufer des Synthesizer, künstlich erzeugt). Nichts mehr sehen können, nichts mehr sagen/schreien können, nichts mehr hören können: Die Sinne der Menschen scheinen eingetrübt, mehr noch, die Menschen sind ihrer Sinne regelrecht beraubt. *The Birds* ist, wie zuvor schon *Psycho*, voller solcher symptomatischer unguter Anzeichen.

Das grandiose Schlussbild von *The Birds* kommt einem dunklen pastosen Gemälde gleich, einer Apokalypse à la Hierony-

mus Bosch oder Bruegel: Die vier Protagonisten verlassen langsam das Haus, steigen ins Auto und fahren dem Ungewissen
entgegen. Alles geschieht ganz langsam, beinahe wie in Trance,
da das Haus, die Geländer, die Dächer, die We-
ge, die Böden, die Bäume, die Landschaft am
schwarz-violetten Horizont von dräuender Dunkelheit eingefärbt sind – und überall sitzen lau-
ernde, gurrende Vögel. Den abschließenden Titel
»The End« hat Hitchcock hier bewusst weggelas-
sen, was prompt für Kritik und Protest sorgte:
Der verunsicherte Zuschauer weiß nicht, was aus
den Brenners und Melanie wird, ihr Schicksal ist
vollkommen offen. Nur Cathy darf ihre beiden
Love Birds mitnehmen, denn »sie haben doch
keinem etwas getan« …

Der Filmhistoriker Robin Wood und der Philosoph Slavoj Žižek postulieren für *The Birds* drei
mögliche Lesarten: die »kosmologische«, die »ökologische« sowie die »familiale« (Wood 1977, S. 116; Žižek 2002,
S. 181 ff.). Ist die erste, die »kosmologische« Lesart, jene, die
den Angriff der Vögel als »Verkörperung der hitchcockschen
Vision des Universums« begreift, »eines Systems – friedlich an
der Oberfläche, normal in seinem Verlauf –, das jederzeit aus
der Fassung gebracht und durch puren Zufall ins Chaos ge-
stürzt werden kann«, so schreibt die zweite, die »ökologische«
Lesart, den Vögeln die Funktion der »Verdichtung einer aus-
gebeuteten Natur« zu, welche sich der kruden Ausbeutung
durch den Menschen erwehrt. Immerhin beginnt das Drama
in einer Zoohandlung in San Francisco, in der der Mensch
das Tier in Käfigen hält und darüber verfügt. So wie diese Situation später in Bodega Bay denn auch ihre exakte Umkeh-
rung erfährt – der Mensch verbarrikadiert sich hilflos gegen
die angreifenden Vögel und wird zum Gefangenen im eigenen
Käfig. Die Kräfte- und Machtverhältnisse sind nun gewissermaßen »seitenverkehrt«. Die dritte Lesart schließlich, die »familiale«, ist nicht nur die komplexeste und tiefgründigste,
sondern auch die wahrscheinlichste und wahrhaftigste. Hier
sind die »intersubjektiven Beziehungen der Hauptfiguren […]

Hitchcock lässt
Vögel an Oskar
Salas Trautonium
schreien

alles andere als eine unbedeutende Nebenlinie der ›wahren‹ Handlung, dem Angriff der Vögel; sie sind vielmehr der Schlüssel zu dem Film« (Žižek 2002, S. 181).

Hitchcocks Vögel, sie sind die hypersensitiven Seismographen menschlicher Befindlichkeiten, zwischenmenschlicher Fehlkommunikation und seelisch-emotionaler Störungen. Die Vögel greifen dann an, wenn die Beziehungen der Menschen untereinander aus dem Gleichgewicht geraten, wenn die Menschen nicht mehr miteinander in Kontakt sind, obgleich sie noch miteinander reden. Es ist, als ob die Vögel ein Bild gewordenes Indiz, ein Spiegel der emotionalen Missstände und Brüche sind. Wäre etwa Mitchs verwitwete Mutter Lydia nicht auf seine neue Liebe Melanie eifersüchtig und würde nicht versuchen, ihn mit mütterlichen Krallen zu halten, oder würden wiederum Melanie und Mitch, die unterschiedlichen Gesellschaftsschichten angehören und zwei Sprachen sprechen, sich besser verstehen und authentisch wahrnehmen respektive sich der mütterlichen Suppression besser entziehen – die Vögel würden wahrscheinlich nicht angreifen.

The Birds, 1963

Werk

Die Vögel – »äußerste Inkarnation des Bösen Objekts bei Hitchcock« (Žižek 2002, S. 186) – greifen an, weil die Ordnung zwischen den Menschen – im Kleinen wie im Großen, im Indivi-
duellen wie im Allgemeinen, im Privaten wie im Sozialen – nicht
mehr existent ist; weil der Mensch in der modernen Welt au-
ßer sich geraten, sich selbst abhanden gekommen ist. Der hitch- **Der hitchcock-**
cocksche Mensch ist ein Fremder, ein Wanderer, innerlich wie **sche Mensch**
äußerlich, ohne Heimat und Halt. Insofern ist *The Birds* kein
Tiertrickfilm, kein Horrorfilm, kein Gruselschocker – sondern eine transzendente Zustandsbeschreibung des zusehends
verlorenen Menschen in einer kafkaesken, zunehmend unbe-
rechenbaren Welt, die schon längst nicht mehr die seine ist.

Frenzy

Großbritannien 1972. U.a. mit Jon Finch, Barry Foster, Barbara Leigh-
Hunt, Anna Massey, Alex McCowen

Die Kamera öffnet in einer vollkommenen Totale auf London, hoch oben über der Themse schwebend, und sogar das
altehrwürdige Emblem »The City of London« wird kurz im
Bildkader rechts oben gezeigt. Eine geradezu idyllische Post-
kartenansicht. Da kehrt einer heim, nach 20 Jahren, und er
feiert diese Rückkehr gebührend: zu Beginn mit einer aus
einem Helikopter heraus gefilmten Fahrt über die Themse,
langsam und allmählich auf die Tower Bridge zu. Bis sich die
Brücke schließlich öffnet, sich die Tore Londons öffnen. Zu
dieser wunderbaren Exposition ist die Musik von Ron Good- **Komponist**
win zu hören. Und Goodwin, der etwa zu den vier »Miss **Ron Goodwin**
Marple«-Filmen mit Margaret Rutherford das berühmte Thema komponierte, legt hier eine Musik an, die etwas nahezu
Majestätisches hat, etwas bewusst Feierliches. Goodwins
Frenzy-Komposition gehört neben den wichtigen Arbeiten
von Bernard Herrmann zu den schönsten Hitchcock-Sound-
tracks.

Schließlich geht die Kamera aus der Vogelperspektive über
auf eine Menschenmenge – darunter auch Hitchcock mit
schwarzem Melonenhut in zwei Auftritten –, die am Themse-
ufer einer Rede des Gesundheitsministers lauscht. Dieser
schwärmt von den Errungenschaften des Fortschritts und

dass die einst so verschmutzte Themse bald »frei sein wird von industriellen Abwässern, frei von dem Müll, mit dem wir jahrelang unsere Flüsse und Kanäle verschmutzt haben«. (Alle Dialogauszüge: *Frenzy*, Synchron- und/oder Originalfassung; DVD Universal 2001) Just in diesem Moment entdeckt einer der Zuhörer im Fluss eine auf das Ufer zutreibende Leiche. Eine Frauenleiche, vollkommen nackt, mit ausgebreiteten Armen und dem Kopf nach unten – und mit einer Krawatte um den Hals. Der Londoner Krawattenmörder – ein moderner Jack the Ripper – hat wieder zugeschlagen. Schnitt. Die nächste Szene zeigt, wie sich ein Mann, Richard Blaney (Jon Finch), vor einem Spiegel eine Krawatte bindet – die Krawatte sieht jener um den Hals der Frauenleiche äußerst ähnlich. Sofort meint der Zuschauer, den Mörder, den allenthalben gesuchten »Necktie Murderer«, zu identifizieren. Eine von Hitchcocks Manipulationen. Denn Richard Blaney, das ist hier sein unschuldig Schuldiger, sein quer durch London Getriebener, verfolgt von der Polizei und der kafkaesken Apparatur, die ihn für schuldig erklärt hat. Den wahren Täter, den zeigt Hitchcock dem Zuschauer nur kurze Zeit später – und er ist just ein Freund von Blaney: Bob Rusk (Barry Foster), seines Zeichens Obst- und Gemüsehändler in Covent Garden (wie Hitchcocks Vater und Bruder), nach außen hin unscheinbar den hilfsbereiten »lieben Onkel Bob« gebend, er ist es, der die Londoner Frauenwelt in Angst und Schrecken versetzt. Selbst ein wie stets unwissend-einfältiger Polizist wendet sich an Rusk, da er sich doch so gut auskenne – in der Gegend und mit den »Birds«, den Frauen. Einmal ruft Rusk den unten vorbeilaufenden Blaney vom Fenster seiner Wohnung aus, und man sieht ihn mit seiner ihn besuchenden Mutter, die ihren feuerroten Haarschopf über dem grün-roten Geranienbeet der Blumenkästen herausreckt: »Das ist meine Mutti. […] Eigentlich wohnt sie in Kent, in dem Garten von England.« Mutter und Sohn. Rusk hatte Blaney zuvor einen Spieltipp für ein Pferderennen gegeben, er solle auf das Pferd »Coming Up« setzen, und ihm zum Trost eine Schachtel Weintrauben eingepackt. Doch Blaney, soeben im »Globe Pub« von seinem Chef gefeuert, wo auch seine Geliebte Babs

Werk

Milligan (Anna Massey) arbeitet, ist pleite, konnte nicht setzen. Wutentbrannt schleudert er die Trauben auf das Trottoir und zertritt sie, während dunkle Musik aufpeitscht. Die Trauben, diese Früchtchen, auch sie sind nichts mehr wert.

Als Richard Blaney seine geschiedene Frau Brenda Blaney (Barbara Leigh-Hunt) nach einer kleinen Ewigkeit in ihrer Partneragentur aufsucht, empfindet diese Mitleid mit ihrem arbeitslosen Ex-Gatten und lädt ihn zum Abendessen in ihren vornehmen Club ein. Dort kommt es zu einer Auseinandersetzung, und Blaney zerdrückt ein Cognacglas mit der bloßen Hand. Hinter der Maskerade dieser unglückseligen Menschen verbergen sich Schmerz und Wut und Frustration und vollkommenes Unverständnis füreinander.

Anderntags erscheint in der Mittagspause plötzlich Bob Rusk bei Brenda im Büro und erwürgt sie auf brutale Art und Weise mit seiner Krawatte. Es ist dies – neben der Gasofen-Szene in *Torn Curtain*, dem Duschmord in *Psycho* sowie dem Scherenmord in *Dial M for Murder* – die brutalste, direkteste Gewaltdarstellung in Hitchcocks gesamtem Œuvre. Auch zeigt Hitchcock erstmals etwas deutlicher Nacktheit in einem seiner Filme.

Den zweiten Mord wiederum, jenen an Babs, den zeigt Hitchcock nicht mehr. Rusk nimmt Babs mit in seine Wohnung, und in dem Moment, in dem er die Wohnungstür von innen zumacht, ist für den Zuschauer gerade noch der Satz zu hören, den er bereits zu Brenda im Agenturbüro sagte – »You are my type of woman.« Dann zieht sich die Kamera (an Schienen an der Decke befestigt) still aus dem Treppenhaus in einer langen Fahrt zurück – alles geschieht geräuschlos – durch den

Haustürrahmen hindurch, auf die Straße, wo zugleich der Ton wieder hochgezogen wird, bis die Geräusche des Lebens, die-

Frenzy, 1972

ses über alles hinweg dröhnenden indifferenten Alltags, die Stille schlucken. Die Kamera verharrt schließlich kurz in einer Einstellung, die Rusks Haus im Ganzen zeigt, den Eingang mit dem teppichbelegten Treppenflur und die drei Fenster, mit den netten Geranien und den sauberen Gardinen. Und nichts, absolut nichts deutet auf das nackte Grauen hin, das hinter dieser Fassade stattfindet. Derweil drinnen, der Zuschauer – Mitwisser und Voyeur zugleich – weiß es, Babs umgebracht wird.

Zwei weitere außergewöhnliche Einstellungs-Abfolgen von Gil Taylors Kamera machen diesen Hitchcock-Film allein schon auf technischer Ebene sehenswert: Die eine zeigt Babs, wie sie wutentbrannt aus dem »Globe Pub« kommt, direkt auf die Kamera zu, in einem Close-Up, wobei der Ton für Momente vollkommen heruntergezogen wird, absolute Stille über ihrem Gesicht herrscht. Todesstille. Dann ist wie aus dem Nichts Rusks Stimme zu hören, »Got a place to stay?«, Babs dreht sich abrupt um, und ihr Mörder steht hinter ihr. Die andere Einstellung friert jenes Bild ein, das den Eingang zu Brendas Agentur zeigt, aus dem soeben Blaney gekommen ist, da die obere Bürotür verschlossen war, hinter der die tote Brenda liegt. Die Sekretärin Monica Barling (Jean March) sieht Blaney noch aus der Haustür kommen und betritt das Treppenhaus, während die Kamera draußen vor der Hausfront verharrt. Nichts sonst ist zu sehen, nichts ist zu hören. Eine gefühlte Ewigkeit lang. Bis ein gellender Schrei der Sekretärin die Stille unterbricht. Es sind dies experimentelle Sequenzen in Bild und Ton, die für jene Zeit durchaus innovativ sind und von dem experimentierfreudigen Wagemut des alten Hitchcock zeugen, der hier mehr denn je wieder der »little boy director« ist, wie er sich selbst gern nennt.

»little boy director«

Die Dreharbeiten sowohl für die Vergewaltigungsszene im Büro als auch für jene in bemerkenswerten 114 schnellen kurzen Schnitten gehaltene Szene auf dem Kartoffellaster dauern jeweils drei Tage, in beiden Sequenzen ist Barry Foster als Bob Rusk quasi in jeder Einstellung zu sehen. Über die Sequenz auf dem Bürostuhl sagt er: »Wir haben davon vielleicht sechs oder sieben Takes gemacht. Das war extrem belastend. [...] Es ist alles andere als angenehm, so etwas zu spielen.«

Werk

»Die Kartoffellaster-Sequenz war eine weitere Drei-Tage-Sache, obschon sehr viel unbeschwerter und erträglicher als die drei Tage der Vergewaltigung und des Mordes.« (Barry Foster über die Dreharbeiten; *Frenzy*, »Making of«; DVD Universal 2001)

Beide Frauen, die ermordet wurden, standen Blaney nahe. Von beiden wusste Rusk, der Krawattenmörder, er lässt Blaney demnach wissentlich ins Unglück stürzen. Als dieser, längst inhaftiert – Hitchcock zeigt in einer steilen Aufsicht, vertikal von oben, wie Blaney in die kleine Gefängniszelle gestoßen wird –, Rache schwört und über das Gefängniskrankenhaus im Arztkittel in die Londoner Nacht entkommen kann, führt ihn sein Weg schnurstracks zu Rusk. Er geht in das Haus, dringt in die Wohnung ein und sieht dessen rotblonden Haarschopf unter der Bettdecke im Schlaf hervorlugen. Mit einem schweren Wageneisen schlägt Blaney auf seinen Freund Rusk ein, mehrmals, sehr fest. Dabei rutscht plötzlich ein Arm unter der Decke hervor, mit langen lackierten Fingernägeln und mehreren Armreifen daran. Unter der Decke, die Blaney zurückwirft, liegt eine weitere erdrosselte Frau. Mit seinem vermeintlichen Mordwerkzeug in der Hand steht Blaney fassungslos am Bett, als sich die Tür öffnet und Inspektor Oxford hereinstürzt. Für Momente scheint klar – Blaney ist es doch, trotz aller Zweifel des reflektierten Oxfords. Da ist plötzlich ein wummerndes Geräusch im Treppenhaus zu hören, und Oxford versteckt sich hinter der Tür. Als diese aufgestoßen wird, kommt der völlig verschwitzte Rusk mit einem großen Schrankkoffer herein und sieht Blaney und Oxford. Daraufhin sagt der Inspektor zum Krawattenmörder: »Mr. Rusk, Sie haben ja Ihre Krawatte nicht an.« Rusk, vollkommen überrumpelt, lässt den schwarzen Schrankkoffer fallen, die weißen Abspanntitel rollen darüber, und Ron Goodwin lässt eine ebenso dunkle wie wehmütige, dabei auch eigenwillig triumphal anmutende, von Trompeten dominierte Musik erklingen.

Frenzy ist eine Abhandlung der vollkommenen Hoffnungslosigkeit, der absoluten Desillusionierung. Die Welt ist verkommen, und selbst wo Sauberkeit gepriesen wird, wird (mensch-

»Really, the world has become darker than ever in *Frenzy*.«
(Regisseur und Filmtheoretiker Peter Bogdanovich; *Frenzy*,
»Making of«; DVD Universal 2001)

licher) Dreck angeschwemmt. Das Leben selbst, es wird nicht
mehr wertgeschätzt. Die zwischenmenschlichen Beziehungen
sind verroht, sind von Egoismus bestimmt, davon, nur den
eigenen (körperlichen, materiellen) Hunger rasch zu befriedi-
gen. Reale Wünsche und Bedürfnisse, ganz zu schweigen von
emotionalen, werden weder wahrgenommen noch erfüllt.
Liebe und Freundschaft haben hier nahezu keinen Raum
mehr. Düster, zynisch und makaber ist Hitchs vorletzter Film.
Er ist von einem kruden Realismus durchdrungen – unange-
nehm beklemmend, brillant präzise. Ein spätes Meisterwerk **Spätes**
und, zweifelsohne, seine persönlichste Arbeit seit Jahren. So **Meisterwerk**
sieht er, im Alter von nunmehr 72 Jahren, die Dinge des Lebens. Und er hat wahrscheinlich nur allzu recht.

Hitchcock sagte einmal, er habe beim Brechen der sich in Lei-
chenstarre befindenden Finger von Babs dieselbe Tonspur genommen wie in jener Sequenz, in der Inspektor Oxfords
(Alex McCowen) Gattin (Vivien Merchant) die schmalen
Grissini beim Essen bricht, während dieser über den Tather-
gang redet: Essen und Tod, beides zwei existentielle Vorgänge
des menschlichen Lebens, denen die Vergänglichkeit zu eigen
ist, sie stehen bei Hitchcock stets in einem unmittelbaren
Kontext zueinander. In *Frenzy* treibt er dies auf die Spitze:
Während sich Inspektor Oxford masochistisch von der über-
kandidelten Mrs. Oxford auch kulinarisch quälen lässt – mit
Nouvelle Cuisine Française, wie etwa unappetitlichen Schweins-
füßen – und sich derweil voller Ekel nach einem guten nicht-
kontinentalen Essen sehnt, quält Bob Rusk umgekehrt sadis-
tisch die Frauen und beißt, sowohl zuvor als auch nachdem er
sie erwürgt hat, in ihren (das Paradies verheißenden?) Apfel,
um dann mit seiner Krawattennadel wie en passant in den Zäh-
nen herumzustochern. In der totalen Kulmination und Verschmelzung beider Elemente steckt Rusk eine Tote in einen
Kartoffelsack, die Tote selbst wird somit zur verkommenen
Ware, zum Abfall. Oder, wie Hitchcock selbst es süffisant um-

schreibt: »And the most significant thing about the whole scene is, how it improved the taste of the potatoes!« (Alfred Hitchcock; *The Dick Cavett Show*; 8. Juni 1972)

Frenzy markiert seit *The Birds* jene Arbeit innerhalb seines Spätwerks, die Alfred Hitchcock noch ein letztes Mal ganz bei sich und seinem Können zeigt. Er markiert denn auch Hitchcocks Comeback und wird ein enormer Erfolg – nach den zwei Millionen Dollar Produktionskosten spielt er 16 Millionen ein. Zudem überschlägt sich insbesondere die US-Kritik mit Lob. Lediglich die englische Kritik hat an dem Film zu bemängeln, dass er ein London zeige, das es so nicht mehr gebe. *Frenzy* wurde in den Pinewood-Studios und vor Ort rund um den Covent Garden Market gedreht, der heute nicht mehr existiert. Diese London-Bilder, es sind Bilder aus einer untergegangenen Welt. Und dieser Film ist vor allem auch eine liebevolle, von tiefer Wehmut durchdrungene Hommage, eine Reminiszenz Hitchcocks an seine Heimat. Hier, aus dieser Stadt mit ihren Märkten und Gemüseläden, hier kommt er her, und all das hat ihn zutiefst geprägt. Werkimmanent und biographisch betrachtet schließt *Frenzy* mehrere Kreise, indem er motivisch Bezug nimmt auf den sogenannten »ersten richtigen Hitchcock-Film«, den 1926 entstandenen *The Lodger*, und biographisch auf Hitchcocks Wurzeln in London. *Frenzy*, er wäre anstelle von *Family Plot* wohl der ungleich gelungenere, würdigere Abschluss eines mehr als 50 Filme umfassenden Lebenswerkes.

Frenzy: »How it improved the taste of the potatoes«, Hitchcock mit Barry Foster am Londoner Set, Covent Garden 1971

Wirkung

Der »Master of Suspense« und seine Adepten

Hitchcocks kinematographische Rezeption in Frankreich, den USA und anderen Ländern

Alfred Hitchcock wird Mitte der 50er Jahre in Frankreich gewissermaßen salonfähig gemacht, indem die damaligen *Cahiers du Cinéma*-Kritiker ihn zum »auteur«, zum Autorenfilmer, erklären, ihn also vom Kommerz zur Kunst erheben. Bis zu diesem Zeitpunkt gilt Hitchcock als dem Entertainment, der Unterhaltung, zugehöriger Psycho-Krimi-Regisseur. Die Komplexität seiner Arbeiten ist nahezu noch vollkommen unentdeckt, einzig, dass der vermeintliche Thriller-Meister ein virtuoser Techniker ist, wird ihm bis dahin konzediert. Dann

Hitchcock-
Retrospektive,
Paris 1997

erscheint im Oktober 1954 Heft 39 der gelben *Cahiers*, eine Ausgabe, die Hitchcock gewidmet ist. 1957 erscheint daraufhin das erste Hitchcock-Buch, verfasst von den *Cahiers*-Autoren Claude Chabrol und Eric Rohmer, für die Hitch »l'un des plus grands inventeurs de formes de toute l'histoire du cinéma« (»einer der größten Formenerfinder der gesamten Filmgeschichte«) ist. Sie nehmen später selbst auf dem Regiestuhl Platz – Chabrol debütiert mit *Le beau Serge* (*Die Enttäuschten*, 1958), Rohmer mit *Le signe du lion* (*Im Zeichen des Löwen*, 1959) – und begründen mit Jacques Rivette und Jean-Luc Godard die »Nouvelle Vague«. »Je me sens encore plus hitchcockien que Hitchcock« (»Ich fühle mich noch hitchcockesker als Hitchcock selbst«) bekennt Chabrol, und sie,

Claude Chabrol,
vgl. S. 49 f.

Chabrol und Rohmer, hatten »une véritable passion pour Hitchcock«. *Shadow of a Doubt* war der erste Hitchcock-Film, den Chabrol sah, und er war davon »très, très impressionné«. *Notorious* wiederum ist Chabrols persönlicher Lieblings-Hitchcock. (Claude Chabrol; Gespräch mit dem Autor, Februar 2009)

Der Einfluss des verehrten Vorbilds auf Chabrols eigenes, inzwischen über 50 Filme umfassendes Werk ist beträchtlich. Chabrols Welt ist eine Welt voller Misstrauen und doppelter Böden, durchzogen von der Humorigkeit, die dem spitzbübischen Regisseur zu eigen ist. Hinter den vermeintlich stabilen Fassaden der gesitteten Bourgeoisie tun sich bei Chabrol Abgründe auf. Davon zeugen Filme wie etwa *Le boucher* (*Der Schlachter*, 1969), *Les innocents aux mains sales* (*Die Unschuldigen mit den schmutzigen Händen*, 1975) oder *Les fantômes du chapelier* (*Die Fantome des Hutmachers*, 1982). Filme, die inzwischen längst auch zu modernen Klassikern der Kinematographie avanciert sind.

François Truffaut, neben Chabrol der flammendste Hitchcock-Jünger, sieht den »Master of Suspense« in einer Reihe mit Kafka, Dostojewski und Poe, den »Künstlern der Angst«. Zu den Filmen Truffauts, die von Hitchcocks Visualität, Ästhetik und Inhalten maßgeblich geprägt sind – wobei für Truffaut das starke romantische Element Hitchcocks deutlich relevanter ist als für Chabrol –, zählen etwa *La peau douce* (*Die süße Haut*, 1964), *Fahrenheit 451* (1966), *La mariée était en noir* (*Die Braut trug schwarz*, 1968), *La sirène du Mississippi* (*Das Geheimnis der falschen Braut*, 1969) oder auch sein letzter *Vivement dimanche!* (*Auf Liebe und Tod*, 1983). Und so wie Hitchcocks Film über sein ureigenes Metier des Sehens und Inszenierens *Rear Window* ist, so ist Truffauts Film über das Filmemachen *La nuit américaine* (*Die amerikanische Nacht*, 1973). Truffaut ist es auch, der Hitchcocks Stammkomponisten Bernard Herrmann engagiert, für *Fahrenheit 451* und *La mariée était en noir*.

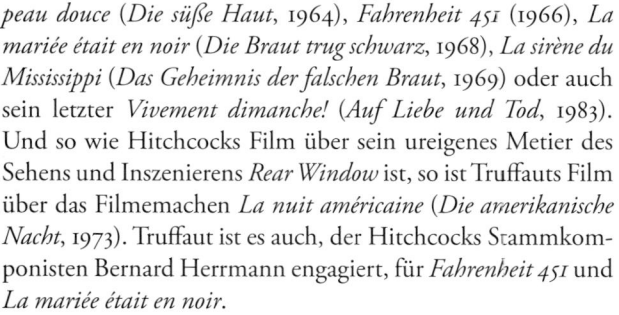

Auch er beherrscht die Selbstdarstellung: Einmal kein Film von Claude Chabrol, sondern mit ihm, *Alouette, je te plumerai*, 1988

François Truffaut, vgl. S. 49 f.

Neben Chabrol und Truffaut sind auch die Franzosen Henri-Georges Clouzot etwa mit *Les diaboliques* (*Die Teuflischen*, 1955) und dem Fragment gebliebenen *L'enfer* (*Die Hölle*, 1964) und René Clément mit *Plein soleil* (*Nur die Sonne war Zeuge*, 1960) zu nennen.

Allein nur der Einfluss einzelner Hitchcock-Filme – darunter vor allem *Rear Window*, *Vertigo*, *Psycho* und *The Birds* – auf die

Arbeiten anderer Regisseure nachfolgender Generationen, etwa in den USA und in England, ist über Jahrzehnte hinweg von größter Nachhaltigkeit: Michael Powell (*Peeping Tom* [*Augen der Angst*], 1960), Robert Aldrich (*Whatever Happened to Baby Jane* [*Was geschah wirklich mit Baby Jane*], 1962), John Frankenheimer (*The Manchurian Candidate* [*Botschafter der Angst*], 1962), Stanley Donen (*Charade*, 1963; *Arabesque*, 1966), Roman Polanski (*Repulsion* [*Ekel*], 1965; *Rosemary's Baby*, 1968; *Frantic*, 1988), Terence Young (*Wait Until Dark* [*Warte, bis es dunkel ist*], 1967), Martin Scorsese (*Taxi Driver*, 1976; *Cape Fear* [*Kap der Angst*], 1991). John Carpenter (*Halloween* [*Halloween – Die Nacht des Grauens*], 1978; *The Fog* [*Nebel des Grauens*], 1980), Jonathan Demme (*Last Embrace* [*Tödliche Umarmung*], 1979), Stanley Kubrick (*The Shining*, 1980), David Cronenberg (*The Fly* [*Die Fliege*], 1986), David Lynch (*Blue Velvet*, 1986; *Twin Peaks*, 1990), Atom Egoyan (*Felicia's Journey* [*Felicia, mein Engel*], 1999). Auch Steven Spielbergs *Jaws* (*Der weiße Hai*, 1975) dürfte letztlich von Hitchcock, etwa von *The Birds*, und seinem strukturellen Suspense-Aufbau beeinflusst sein. »Is this the guy who made the fish-movie?«, meint Hitchcock einmal über Spielberg, als dieser ihn am Set von *Family Plot* besuchen und sprechen möchte, was Hitch jedoch ablehnt. *North by Northwest* hingegen antizipiert die 1962 mit *Dr. No* begonnene, zunächst mit Sean Connery besetzte *James-Bond-007*-Reihe. Vor allem aber Brian de Palma zählt mit Filmen wie der *Vertigo*-Hommage *Obsession* (*Schwarzer Engel*, 1976), *Carrie* (*Carrie – Des Satans jüngste Tochter*, 1976), *The Fury* (*Teufelskreis Alpha*, 1978), *Dressed to Kill* (1980), *Body Double* (*Der Tod kommt zweimal*, 1984) oder *Femme Fatale* (2002) mit zu den stärksten von Hitchcock geprägten amerikanischen Adepten.

Unter den jüngeren US-Regisseuren sind insbesondere Quentin Tarantino (Jahrgang 1963) und der indischstämmige M. Night Shyamalan (Jahrgang 1970) bekennende Hitchcock-Jünger. Shyamalan hat sich die Idee der Cameo-Auftritte zu eigen gemacht und erscheint selbst kurz in seinen Filmen wie *Sixth Sense* (1999), *Unbreakable* (*Unzerbrechlich*, 2000) oder *Signs* (*Zeichen*, 2002).

Wirkung

> »Da ist etwas, das hat etwas Authentisches. Da steht ein sehr starkes Herz dahinter. Und ein sehr verstörender Blick auf die Menschheit, in gewisser Weise. Aber es ist etwas, das von aufrichtiger Wahrheit ist. Und darin liegt ziemlich viel psychologische Komplexität. Darum besteht es über die Jahre hinweg.« (Martin Scorsese über Hitchcocks Arbeit; *Vertigo*, »Making of«; DVD Universal 2003)

Für England steht insbesondere Nicolas Roeg in einer gewissen Tradition Hitchcocks, was innerhalb seines Werks am explizitesten an dem düster-kafkaesken, tief morbiden Venedig-Thriller *Don't Look Now* (*Wenn die Gondeln Trauer tragen*, 1973) mit Julie Christie und Donald Sutherland auszumachen ist. Für den (franko-)kanadischen Raum schließlich steht der in Québec geborene Robert Lepage, dessen *Le confessionnal* (*Confessional – Das Geheimnis der Beichte*, 1995) eine direkte Hommage an Hitchcocks in Québec gedrehten *I confess* ist.

Auf ganz andere Art nähert sich der belgische Experimental- und Medien-Künstler Johan Grimonprez (Jahrgang 1962) Alfred Hitchcock. Grimonprez zeichnet das Bildnis des Regisseurs in seiner Kurzfilminstallation *Looking for Alfred* (2005) nach, indem er das Sujet des Doppelgängertums seziert und vermeintlichen Hitch-Doubles nachgeht, das bekannteste darunter dürfte Ron Burrage sein. Zudem stellt Grimonprez Querverweise etwa zu dem Surrealisten René Magritte (1898-1967) und dessen traumartigem Werk des »Trompe-l'œil«, der optischen Täuschung, her. In seinem dokumentarischen Experimental-Langfilm *Double Take* (2009) widmet er sich erneut Hitchcock und dem Doppelgängertum, besetzt abermals Ron Burrage, vernetzt Hitchcock-Archivmaterial mit Szenen des Hitch-Burrage-Doubles und bringt dies auf abstrahierter Ebene mit politischen Vorgängen des Kalten Kriegs, medialer Manipulation und dem ambivalenten Lebensgefühl der »Uneasiness« in Verbindung.

Looking for Alfred

Schließlich ist Hitchcock auch auf den Theaterbühnen Europas wieder präsent: 2006 im Londoner Westend wieder aufgeführt und später in Paris und auch auf verschiedenen deutschen Bühnen, erleben insbesondere *The Thirty-nine Steps*

eine regelrechte Renaissance. Dabei wird stets auch Hitchcocks 1935 entstandener Film reminisziert, wird seine Art der
subtil-trockenen Humorigkeit in die neuen Inszenierungen
eingebaut, werden die zahlreichen Rollen meist von einem
Schauspielerquartett in Mehrfach-Besetzung dargestellt. Und
auch *Dial M for Murder* und *Rope* werden wieder in die Spiel-
pläne aufgenommen.

Hitchcock heute
Remakes, Sequels, Prequels und andere ep gonale Spätfolgen

Neben den seriösen Hitchcockianern, all den Adepten und
Jüngern, die jedoch nicht epigonal zu imitieren oder zu plagi-
ieren versuchen, gibt es eine wachsende Zahl an partiell äußerst überflüssigen Remakes und Sequels von Hitchcock-Filmen. Von *The Thirty-nine Steps* entstehen zwei gleichnamige
Remakes, eines unter der Regie von Ralph Thomas, 1959, und
ein weiteres von Don Sharp, 1978. Ein Remake von *The Lady
Vanishes* wird von Anthony Page gedreht (*Die tödliche Bot-
schaft*, 1979), mit Angela Lansbury in der Rolle der verschwin-
denden Dame Miss Froy. 1991 wird *Shadow of a Doubt* von
Regisseurin Karen Arthur neu aufgelegt. Im Jahr vor Hitchcocks 100. Geburtstag schließlich entstehen gleich drei Remakes: Jeff Bleckners *Rear Window* mit dem an den Rollstuhl
gefesselten Christopher Reeve (1998); Andrew Davis' Adaption von *Dial M for Murder*, *A Perfect Murder* (*Ein perfekter
Mord*, 1998), mit Michael Douglas und Gwyneth Paltrow; sowie Gus Van Sants anmaßendes und misslungenes One-to-
One-Remake von *Psycho* (1998) mit unverändertem Titel –
mit Anne Heche als Marion Crane und Vince Vaughn als
Norman Bates –, in dem Einstellung für Einstellung nachge-
dreht ist, eben nur in poppiger Farbe und mit zwei verän-
derten Szenen. Nur, wozu? Van Sant gerät so zu einem der
mediokren Hitchcock-Epigonen.

Das seit diversen Jahren avisierte Projekt, nach Rick Rosen-
thals Sequel *The Birds II – Land's End* (*Die Vögel II – Die Rückkehr*, 1994) mit Tippi Hedren in einer Nebenrolle, ein neues
Remake von *The Birds* zu drehen – zuweilen werden dabei
Naomi Watts und George Clooney als Melanie Daniels und

Mitch Brenner gehandelt –, ist dem Publikum bisher zum Glück erspart geblieben. Zudem ist auch ein »Biopic« geplant, *Alfred Hitchcock and the Making of Psycho*, mit Anthony Hopkins als Alfred Hitchcock und Helen Mirren als Alma Reville.

Ferner existieren vor allem die Fortsetzungen von *Psycho* aus den 80er Jahren, mit insgesamt drei Sequels respektive Prequels (*Psycho II*, Regie: Richard Franklin, 1983; *Psycho III*, 1986; *Psycho IV: The Beginning*, Regie: Mick Garris, 1990), in denen immerhin Anthony Perkins erneut in die Rolle seines Lebens schlüpft. Bei dem zweiten der drei führt er auch Regie.

Keines dieser epigonalen Remakes oder Sequels oder Prequels vermag es dabei auch nur im Ansatz, an Hitchcocks Originale heranzureichen. Einen Meister kann man nicht kopieren.

Die Ambivalenz der Aktrice
Der Fall Tippi Hedren

Alfred Hitchcock mag Schauspieler in metaphorischer Ambivalenz und süffisanter Ironie als Vieh bezeichnet respektive geäußert haben, dass diese doch als solches zu behandeln seien, jedoch hat er sie zuweilen auch gefördert, gepflegt und gerne wiederholt besetzt. Bei den männlichen Darstellern sind es James Stewart und Cary Grant, die er beide jeweils bei vier Filmen engagiert, bei den Darstellerinnen sind es Grace Kelly und Ingrid Bergman mit jeweils drei Hauptrollen sowie Joan Fontaine und Tippi Hedren mit zwei Engagements.

Tippi Hedren, dies wird seit Jahr und Tag in der komplexen Rezeptionsgeschichte Hitchcocks immer wieder diskutiert und meist leider einseitig, weil unkritisch und negativ dargestellt, äußert sich bis heute ambivalent und letztendlich widersprüchlich über ihre zweimalige Zusammenarbeit mit Hitchcock bei *The Birds* und *Marnie*. Einerseits schwärmt sie von ihm – haben Hitch und Alma sie im Oktober 1961 doch überhaupt erst entdeckt

Alfred Hitchcock und Tippi Hedren, Standfoto zu *The Birds*, 1963

und ihr als Model von Fernsehspots die Möglichkeit zum ernsten Schauspiel gegeben –, bewundert sein psychologisch-menschliches wie filmtechnisch-ästhetisches Wissen; andererseits bezeichnet sie ihn schlichtweg als grausam. All dies beschäftigt Tippi Hedren, die auf ihrer Tierfarm »The Shambala Preserve« außerhalb von Los Angeles lebt, bis heute.

Vom Model zur Schauspielerin, vgl. S. 49

> »Alfred Hitchcocks psychologisches Wissen über Menschen war brillant. [...] Ich glaube, er war ein sehr unsicherer Mensch. [...] Ich habe sehr ambivalente Gefühle gegenüber Alfred Hitchcock: Zum einen gab er mir durch das Filmemachen eine unglaubliche Ausbildung, was ein Geschenk ist, das ich den Rest meines Lebens in Ehren halten werde. Auf der anderen Seite glaube ich, er war kein netter Mensch. Ich glaube, er war wirklich grausam.« (Tippi Hedren über ihr Bild von Alfred Hitchcock; WDR-Archiv, unveröffentlicht, ARD-Legenden 2008/09)

Tippi Hedrens Entscheidung, einen Mehrjahresvertrag bei den Universal Studios zu unterschreiben, geschieht seinerzeit aus freien Stücken. Ihre Filmkarriere, sie wäre ohne Alfred Hitchcocks Zutun womöglich nicht existent. »There is a streak of cruelty among *everyone*« (»In *jedem* von uns steckt eine Spur Grausamkeit«), sagt Hitchcock selbst einmal (*The Dick Cavett Show*; 8. Juni 1972).

Wahrscheinlich ist das die ganze Wahrheit.

Die Marke Hitchcock

Die drei ???, Kriminalmagazine und Fruchtsäfte

Als der US-Autor Robert Arthur den ersten Band von *Die drei ???* schrieb, der im Jahr 1964 erscheint, da konnte niemand vorhersehen, was aus *Alfred Hitchcock and The Three Investigators* einmal würde. Der erste Band der Jugendbuchreihe aus der Feder Arthurs ist *The Secret of Terror Castle*. Die deutsche Ausgabe erscheint vier Jahre nach der amerikanischen 1968: *Die drei ??? und das Gespensterschloß*. 1969 stirbt Robert Arthur, die Reihe, an der auch zu Lebzeiten Arthurs bereits andere Autoren sitzen, wird zunächst fortgesetzt, bis zum 43. Band. Dann wird das Original in den USA eingestellt. 1979 erscheint die erste Hörspielaufnahme beim Musikverlag »Europa« – *Die drei ??? und der Super-Papagei*. Und was hat Alfred Hitchcock mit alledem zu tun – dessen Konterfei jedes Buch und jede Musikkassette ziert, der in den Büchern zwischendurch immer seine weisen Kommentare abgibt, die in den Hörspielen von Schauspieler Peter Pasetti eingesprochen wurden? Nicht viel. Hitchcock stellt seinerzeit für die Reihe lediglich seinen Namen und sein Konterfei zur Verfügung, gegen eine Lizenzgebühr. Mehr nicht. Inzwischen genießt die Reihe, deren gutes erstes Dutzend Folgen von großem nostalgisch eingefärbtem Charme ist, in Deutschland eine Art Kultstatus bei mehreren Generationen, und es liegen weit über 100 deutschsprachige Hörspiele vor. Ein Ende scheint nicht in Sicht, auch wenn die drei deutschen Sprecher inzwischen das mehrfache Alter der drei jugendlichen Protagonisten, der Privatdetektive aus dem kalifornischen Rocky Beach Justus Jonas, Bob Andrews und Peter Shaw, erreicht haben.

Die drei ??? und der Super-Papagei, Cover von 1979

Ähnlich den *Drei ???* verhält es sich auch mit *Alfred Hitchcock's Mystery Magazine*. Via Lizenzvertrag überlässt Hitchcock dem Verlag seinen Namen, und im Dezember 1956 erscheint das erste Heft mit Short Storys auf dem US-Markt. Die Idee, Hitchcock zum Namensträger einer Anthologie zu machen, hatte sein Agent und Freund Lew Wasserman in jenem Jahr 1955, als die Fernsehreihe *Alfred Hitchcock Presents* im Oktober startete und dem Namen des Regisseurs sowie dessen Konterfei zu ungeahnter Popularität verhalf. Die Vorworte zu den Heften wurden stets von Ghostwritern verfasst, die Kurzgeschichten von Autoren wie etwa Henry Slesar. Auch in Deutschland erschien *Alfred Hitchcocks Kriminalmagazin*, meist waren die bei Ullstein verlegten Hefte oder Taschenbücher in einem das Cover auffallend rahmenden Gelb gestaltet.

Auf jedem Buch, auf jeder Musikkassette: Hitchcocks Konterfei

In kleinen grünen Fläschchen mit gelbem Verschluss gibt es ihn, seit Jahrzehnten ist er auf dem Markt – Zitronensaft von »Hitchcock«. Ebenso wie Orangensaft und diverse Fruchtsäfte mehr. In Deutschland gab es den ersten »Hitchcock«-Orangensaft 1968, heute gehört das Markenprodukt »Hitchcock« zu einem großen Getränkekonzern. Die Marke firmiert zwar unter dem Label »Hitchcock – The finest in fruits & juice«, doch hatte Alfred Hitchcock auch hiermit nichts persönlich zu tun. Der Name der Marke stammt von einem Amerikaner, der auch Hitchcock heißt und angeblich ein Vetter des Regisseurs ist.

Neben den noch gegenwärtigen, natürlich marginalen Produkten der Marke Hitchcock wird seiner Person und seines Werks stets gedacht. Retrospektiven, Ausstellungen und Hommagen werden in allen Teilen der Welt ausgerichtet. Gleich zwei Briefmarken sind in den USA 1998 und in England 2006 erschienen. Auf dem berühmten »Walk of Fame« in Hollywood ist er mit zwei Sternen verewigt. Und in »Madame Tussaud's«, dem originären und legendären Wachsfigurenkabinett in London, ist Alfred Hitchcock seit langem schon präsent und steht mit einer seiner typischen inszenatorischen Gesten beeindruckend vor dem Betrachter.

Sowohl all die marginalen Nebenprodukte, die über Jahrzehnte den Namen Hitchcock tragen, als auch die verschiedensten Würdigungen dürften neben seinem eigentlichen, einzigartigen filmischen Werk noch lange Zeit dazu beitragen, dass sowohl die Marke und die Figur Alfred Hitchcocks als

Amerikanische Hitchcock-Briefmarke, 1998, britische Hitchcock-Briefmarke, 2006

Einer der beiden Sterne Alfred Hitchcocks am »Walk of Fame«, Hollywood, Los Angeles

auch vor allem der Künstler und der Mensch im kollektiven Bewusstsein der Menschen verankert bleiben.
Zum globalen Kulturerbe und zum internationalen Filmkanon des 20. Jahrhunderts zählt »Hitch« längst.

Standfigur Alfred Hitchcocks bei »Madame Tussaud´s«, London

Wirkung

Anhang

Zeittafel

1899 13. August: Alfred Joseph Hitchcock wird als drittes Kind des Obst- und Gemüsehändlers William Hitchcock und seiner Frau Emma Jane, geb. Whelan, in Leytonstone bei London geboren. – 14. August: Alma Lucy Reville, Hitchcocks spätere Ehefrau, wird in Nottingham geboren.

1910-1913 Besuch des von Jesuiten geführten St. Ignatius College in Stamford Hill, London.

1913 Schulabschluss und Besuch von Abendkursen an der Universität London. Erstes Interesse am Film.

1914 12. Dezember: Vater William Hitchcock stirbt.

1915-1920 Hitchcock arbeitet bei der Henley Telegraph and Cable Company als Büroangestellter.

1919 Juni: Hitchcocks Kurzgeschichte *Gas* wird in der Betriebszeitschrift von Henley veröffentlicht.

1920 Hitchcock entwirft Zwischentitel für die britische Studioniederlassung der US-Firma Famous Players-Lasky.

1921 Hitchcock lernt die Cutterin Alma Reville kennen.

1922 Hitchcock erlernt von dem amerikanischen Regisseur George Fitzmaurice Grundlagen der Filmarbeit. – Erste Regie bei *Mrs. Peabody* resp. *Number Thirteen*.

1923 Hitchcock arbeitet als Regieassistent bei Graham Cutts' *Woman to Woman*, Alma Reville als Cutterin.

1924 Michael Balcon gründet die Gainsborough Pictures, Hitchcock übernimmt verschiedene Funktionen bei diversen Filmen. *The Blackguard* wird in den Berliner Ufa-Studios gedreht, Hitchcock ist für Drehbuch und Bauten verantwortlich.

1925 Erste eigenständige Regiearbeiten (*The Pleasure Garden*; *The Mountain Eagle*) in den Münchner Emelka-Studios.

1926 *The Lodger: A Story of the London Fog*. – 2. Dezember: Hochzeit mit Alma Reville, Hochzeitsreise nach St. Moritz. Einzug in die Londoner Wohnung Cromwell Road 153.

1927 *Downhill* und *Easy Virtue* für Gainsborough Pictures. – *The Ring* (erstes eigenes Originaldrehbuch) und *The Farmer's Wife* für John Maxwells British International Pictures (BIP).

1928 *Champagne* und *The Manxman*. – 7. Juli: Patricia Alma

Hitchcock (»Pat«), das einzige Kind vor. Alfred Hitchcock und Alma Reville, wird in London geboren. – Dreharbeiten zu *Blackmail*.

1929 Uraufführung von *Blackmail* als erster englischer Tonfilm.

1930 *Juno and the Paycock*. – Hitchcock gründet die »Hitchcock Baker Productions Ltd.« zu Selbstvermarktungszwecken. – *Murder!* – *The Skin Game*.

1931 Weltreise mit Alma und Patricia zu Weihnachten.

1932 *Number Seventeen*. – *Rich and Strange*

1933 *Waltzes from Vienna*. Erneute Zusammenarbeit mit Michael Balcon, diesmal für Gaumont-British.

1934 *The Man Who Knew Too Much*.

1935 *The Thirty-nine Steps*. – *Secret Agent*.

1936 *Sabotage*.

1937 *Young and Innocent*. – Sommer: Italienreise. Erste Amerikareise mit Alma und Patricia. – *The Lady Vanishes*.

1938 Hitchcock unterzeichnet einen Mehrjahresvertrag mit Produzent David O. Selznick. – Herbst: Dreharbeiten zu *Jamaica Inn*.

1939 März: Übersiedlung in die USA, nach Los Angeles.– *Rebecca*. Hitchcocks erster US-Film für David O. Selznick.

1940 »Oscar« für *Rebecca* als Bester Film 1940. – *Foreign Correspondent*. – *Mr. and Mrs. Smith*.

1941 *Suspicion* mit Cary Grant.

1942 Jahresbeginn: Bühnendebüt von Patricia am Broadway. – Frühjahr: Umzug in die Bellagio Road 10 957, Bel Air. Kauf des Wochenendhauses in Santa Cruz – *Saboteur*. – *Shadow of a Doubt*. – 26. September: Mutter Emma Hitchcock stirbt.

1943 4. Januar: Hitchcocks Bruder William begeht Selbstmord. – *Lifeboat*.

1944 Hitchcock dreht in London die Antikriegs-Kurzfilme *Bon Voyage* und *Aventure Malgache* zur Unterstützung der französischen Résistance. – *Spellbound* mit Ingrid Bergman. Zusammenarbeit mit Salvador Dalí.

1945 *Notorious*.

1946 April: Mit Sidney Bernstein Gründung der eigenen Produktionsfirma Transatlantic Pictures.

1947 *The Paradine Case*, Hitchcocks letzte Arbeit für Selznick.

1948 Patricia beginnt ein Schauspielstudium an der Royal Academy of Dramatic Art. – *Rope* mit James Stewart. Hitchcocks erster Film in Farbe und in Eigenproduktion. – Dreharbeiten zu *Under Capricorn* in England.

1949 *Stage Fright* mit Marlene Dietrich. Patricia Hitchcock spielt erstmals in einem Film ihres Vaters mit, zwei weitere Nebenrollen (*Strangers on a Train*; *Psycho*) folgen. – Transatlantic Pictures wird aufgelöst.

1950 Dreharbeiten zu *Strangers on a Train*, nach einem Roman von Patricia Highsmith für die Warner Bros. Studios.

1952 17. Januar: Heirat von Pat Hitchcock und Joseph E. O'Connell in New York. – *I Confess*.

1953 17. April: Geburt von Hitchcocks erster Enkelin Mary Alma. – *Dial M for Murder* mit Grace Kelly. – *Rear Window*: Auftakt der goldenen Paramount-Ära.

1954 2. Juli: Geburt von Hitchcocks zweiter Enkelin Teresa. – Dreharbeiten zu *To Catch a Thief* an der Côte d'Azur. – *The Trouble with Harry*. – Beginn der Zusammenarbeit mit Komponist Bernard Herrmann.

1955 Januar: Erste Begegnung Hitchcocks mit Claude Chabrol und François Truffaut. – Eigenes Remake von *The Man Who Knew Too Much*. – »Oscar« für Kameramann Robert Burks für *To Catch a Thief*. – 20. April: Hitchcock nimmt die amerikanische Staatsbürgerschaft an. – 2. Oktober: Beginn der Fernsehreihe *Alfred Hitchcock Presents* mit der Folge *Revenge*.

1956 *The Wrong Man*.

1957 *Vertigo*. – Claude Chabrol und Eric Rohmer veröffentlichen *Hitchcock*, die erste Biographie über den Regisseur.

1958 18. April: Krebsoperation Almas. – Herbst: Dreharbeiten zu *North by Northwest*.

1959 27. Februar: Geburt von Hitchcocks dritter Enkelin Kathleen. – Spätherbst: Dreharbeiten des Low-Budget-Films *Psycho*.

1960 Ab April: Promotion-Weltreise zu *Psycho*, auch nach Deutschland.

1961 13. Oktober: Alfred und Alma entdecken Tippi Hedren in einem Fernsehwerbespot.

1962 Frühjahr: Dreharbeiten zu dem technisch aufwendigen und innovativen *The Birds* für die Universal Studios.

1963 Herbst: *Marnie*. Beginn der Jahre künstlerischer und kommerzieller Misserfolge, bis auf *Frenzy*. – Planungen zu den drei Projekten *The Three Hostages*, *Mary Rose* und *R. R. R. R.*, die jedoch allesamt nicht zustande kommen.

1964 Mai: Urlaub in Europa.

1965 7. März: Hitchcock erhält den »Milestone Award«. – Spätherbst: Dreharbeiten zu *Torn Curtain*, u. a. in Deutschland, mit den Schauspielern Günter Strack, Wolfgang Kieling, Hansjörg Felmy und Gisela Fischer in Nebenrollen.

1966 November: Truffauts Buch *Le cinéma selon Hitchcock* (*Mr. Hitchcock, wie haben Sie das gemacht?*, 1973) erscheint.

1967 Rückzug Hitchcocks in sein kalifornisches Zuhause nach starker öffentlicher Kritik an seinen letzten beiden Filmen.

1968 April: Auszeichnung mit dem »Irving G. Thalberg Memorial Award« durch die Academy of Motion Picture Arts and Sciences. – Mai: Ehrendoktorwürde der Universität von Kalifornien. – *Topaz*.

1969 September: Ernennung zum »Officier des Arts et des Lettres«.

1970 Hitchcocks trennen sich von ihrem Landsitz in Santa Cruz.

1971 März: Ehrenmitgliedschaft der britischen Society of Film and Television. – Juni: Ernennung zum Ritter der Ehrenlegion in Paris. – Sommer / Herbst: Hitchcock kehrt nach 20 Jahren in seine Heimat London zurück, um *Frenzy* zu drehen. – Alma erleidet einen Schlaganfall.

1972 Auszeichnung mit dem »Golden Globe«. – 6. Juni: Ehrendoktorwürde der Universität von Columbia.

1973 Januar / Februar: Retrospektive von Hitchcocks Filmen im Los Angeles County Museum of Art. – Zunehmender Alkoholkonsum.

1974 29. April: Würdigung durch die New Yorker Film Society of Lincoln Center.

1975 Ab Mai: Dreharbeiten zu *Family Plot*. – Hitchcock leidet unter Erschöpfungszuständen. – Zweiter Schlaganfall Almas. – 24. Dezember: Bernard Herrmann stirbt.

1976 April: Uraufführung *Family Plot*, Hitchcocks 53. und letzter Film.

1977 Zunehmende Isolation. Depressionen.

1978 Frühjahr und Herbst: Arbeit am Drehbuch zu *The Short Night*. – Starker Alkoholkonsum. Jahresende: Entziehungskur.

1979 7. März: Auszeichnung mit dem »Life Achievement Award« des American Film Institute. – 9. Mai: Hitchcock schließt sein Büro bei Universal. – 31. Dezember: Ernennung zum »Knight Commander of the British Empire« durch die britische Queen. – Starker geistiger und körperlicher Abbau.

1980 16. März: Letzter öffentlicher Auftritt. – 29. April: Alfred Hitchcock stirbt morgens gegen halb zehn, zu Hause in Bel Air, im Alter von 80 Jahren an Nierenversagen.

1982 6. Juli: Alma Reville stirbt im Alter von 82 Jahren.

1983 François Truffauts Hitchcock-Buch erscheint als »Édition définitive«, ergänzt um Hitchcocks Filme seit *Torn Curtain*.

1999 Alfred Hitchcocks 100. Geburtstag wird weltweit gewürdigt.

2008 7. Juli: Patricia Hitchcock O'Connell begeht ihren 80. Geburtstag.

Bibliographie

Publikationen von Alfred Hitchcock
Gas. In: The Henley, Nr. 1. Juni 1919
Production Methods Compared. In: American Cinematographer. Mai 1949
Gottlieb, Sidney (Hrsg.): *Hitchcock on Hitcncock. Selected Writings and Interviews.* London, Berkeley 1995

Deutschsprachige und ins Deutsche übertragene Literatur über Alfred Hitchcock
Beier, Lars-Olav / Seeßlen, Georg (Hrsg.): *Alfred Hitchcock.* Berlin 1999
Chandler, Charlotte: *Hitchcock. Die persönliche Biografie.* München 2005
Duncan, Paul: *Alfred Hitchcock. Sämtliche Filme.* Köln 2003
Filmmuseum Düsseldorf (Hrsg.): *Obsessionen – Die Alptraum-Fabrik des Alfred Hitchcock.* Düsseldorf 1999
Fischer, Herwig: *Der Duschmord in Alfred Hitchcocks »Psycho«. Eine Mikroanalyse.* Erlangen 1990
Fründt; Bodo: *Alfred Hitchcock und seine Filme.* München 1986
Hembus, Joe (Hrsg.): *Alfred Hitchcock und seine Filme.* München 1979
Jendricke, Bernhard: *Alfred Hitchcock.* Reir bek bei Hamburg 1993
Leigh, Janet / Nickens, Christopher: *Psycho. Hinter den Kulissen von Hitchcocks Kultthriller.* München 1996
Patalas, Enno: *Alfred Hitchcock.* München 1999
Spoto, Donald: *Alfred Hitchcock. Die dunkle Seite des Genies.* München 1986.
Spoto, Donald: *Alfred Hitchcock und seine Filme.* München 1999
Taylor, John Russell: *Die Hitchcock-Biographie. Alfred Hitchcocks Leben und Werk.* München, Wien 1980
Wulff, Hans Jürgen (Hrsg.): *All about Alfred. Hitchcock-Bibliographie.* Münster 1983. Erweiterte Fassung: Münster 1996

Fremdsprachige Literatur über Alfred Hitchcock

Auiler, Dan: *Hitchcock´s Notebooks. An Authorized and Illustrated Look Inside the Creative Mind of Alfred Hitchcock*. London 1999

Auiler; Dan: *Vertigo. The Making of a Hitchcock Classic*. New York 1998

Bellour, Raymond: *L´analyse du Film*. Paris 1979

Bogdanovich, Peter: *The Cinema of Alfred Hitchcock*. New York 1963

Bourdon, Laurent: *Dictionnaire Hitchcock*. Paris 2007

Boyd, David (Hrsg.): *Perspectives on Alfred Hitchcock*. New York 1995

Brill, Lesley: *The Hitchcock Romance. Love and Irony in Hitchcock´s Films*. Princeton 1988

Chabrol, Claude / Rohmer, Eric: *Hitchcock*. Paris 1957; 1986

DeRosa, Steven: *Writing with Hitchcock. The Collaboration of Alfred Hitchcock and John Michael Hayes*. New York, London 2001

Douchet, Jean: *Alfred Hitchcock*. Paris 1967. Erweiterte Fassung: Paris 1985

Durgnat, Raymond: *The Strange Case of Alfred Hitchcock*. London, Cambridge 1974

Freeman, David: *The Last Days of Alfred Hitchcock*. New York 1984

Humphries, Patrick: *The Films of Alfred Hitchcock*. New York 1986

Jacobs, Steven: *The Wrong House: The Architecture of Alfred Hitchcock*. Rotterdam 2007

Krohn, Bill: *Hitchcock at Work*. London 2000

Leff, Leonard J.: *Hitchcock and Selznick: The Rich and Strange Collaboration of Alfred Hitchcock and David O. Selznick*. New York 1987

McGilligan. Patrick: *Alfred Hitchcock. A Life in Darkness and Light*. New York 2003

Paglia, Camille: *The Birds*. London 1998

Phillips, Gene D.: *Alfred Hitchcock*. Boston 1984

Rothman, William: *Hitchcock – The Murderous Gaze*. Cambridge, London 1982

Ryall, Tom: *Blackmail*. London 1993

Ryall, Tom: *Alfred Hitchcock and the British Cinema*. London 1986

Schmenner, Will / Granof, Corinne (Hrsg.): *Casting a Shadow. Creating the Alfred Hitchcock Film*. Evanston, Illinois 2007

Sinyard, Neil: *The Films of Alfred Hitchcock*. New York 1986

Spoto, Donald: *Spellbound by Beauty. Alfred Hitchcock and His Leading Ladies*. London 2008

Sullivan, Jack: *Hitchcock´s Music*. New Haven, London 2006

Truffaut, François: *Le cinéma selon Hitchcock.* Paris 1966. Erweiterte Fassung: *Hitchcock/Truffaut.* Paris 1983. / Deutsche Ausgabe: *Mr. Hitchcock, wie haben Sie das gemacht?* München 1973. Erweiterte Fassung: *Truffaut/Hitchcock.* München 1999

Villien, Bruno: *Hitchcock.* Paris 1985

Wolff, Mark H. / Nourmand, Tony (Hrsg.): *Hitchcock Poster Art.* London 1999

Wood, Robin: *Hitchcock´s Films.* London, New York 1977. Erweiterte Fassung: New York 1989

Yacowar, Maurice: *Hitchcock´s British Films.* Hamden, Connecticut 1977

(Film-)Zeitschriften und Zeitungen, Sonderausgaben
Cahiers du Cinéma: *Dial M for Murder*, u. a. Nr. 39. Paris, Oktober 1954
Cahiers du Cinéma: *Alfred Hitchcock.* Nr. 62. Paris, August / September 1956
Cahiers du Cinéma: *Psycho*, u. a. Nr. 113. Paris, November 1960
Cahiers du Cinéma: *The Birds*, u. a. Nr. 143. Paris, Mai 1963
Cahiers du Cinéma: *Alfred Hitchcock.* Hors Série 8. Paris 1980
Filmkritik: *Frenzy*, u. a. Nr. 192. München, Dezember 1972
L'Avant-Scène: *L'Inconnu du Nord-Express.* Nr. 297 / 298. Paris, Dezember 1982
Le Monde / Cahiers du Cinéma: Bill Krohn: *Alfred Hitchcock.* Collection Grands Cinéastes. Nr. 25. Paris 2007

Weitere Sekundärliteratur
Ball, Gregor: *Gracy Kelly. Ihre Filme – ihr Leben.* München 1983
Dewey, Donald: *James Stewart. Ein Leben für den Film.* Berlin 1997
Moeller, Felix: *Der Filmminister. Goebbels und der Film im Dritten Reich.* Berlin 1998
Stiftung Deutsche Kinemathek (Hrsg.): *Kim Novak. Hommage.* Berlin 1997
Thompson, Howard: *James Stewart. Seine Filme – sein Leben.* München 1979
Truffaut, François: *Die Filme meines Lebens.* München 1976
Vermilye, Jerry: *Cary Grant. Seine Filme – sein Leben.* München 1979
Žižek, Slavoj u.a.: *Was Sie immer schon über Lacan wissen wollten und Hitchcock nie zu fragen wagten.* Frankfurt/Main 2002

Multimediale Quellen (Auswahl)
Dokumentationen und TV-Auftritte

Frankfurter Stammtisch. HR, 1966. DVD: *Riff-Piraten*; Kinowelt 2001. (Hitchcock in der HR-Sendung zum Start von *Torn Curtain*)

The Dick Cavett Show. ABC, 8. Juni 1972. DVD: Sony BMG 2006. (Dick Cavett im einstündigen Gespräch mit Alfred Hitchcock)

V.I.P-Schaukel. ZDF, 25. August 1972. (Margret Dünser im Gespräch mit Alfred Hitchcock über *Frenzy*)

The Tomorrow Show. NBC, 23. Dezember 1974. (Tom Snyder im einstündigen Gespräch mit Alfred Hitchcock)

American Film Institute. Life Achievement Award. ABC, 7. März 1979. (Aufzeichnung der AFI-Preisverleihung in Beverly Hills)

Music for the Movies: Bernard Herrmann. 1992. Regie: Joshua Waletzky. (Dokumentation über Bernard Herrmann)

Hitchcock, Selznick & das Ende von Hollywood. BBC/BR, 1999. Regie: Michael Epstein. (Dokumentation zu Hitchcock und Selznick)

Alfred Hitchcock und die Kunst des Verbrechens. BBC/NDR, 1999. Regie: Tim Kirby. (Zweiteilige Dokumentation)

The Pervert's Guide to Cinema. 2006. Buch: Slavoj Žižek. Regie: Sophie Fiennes. (Dokumentarfilm des Philosophen Slavoj Žižek)

Legenden: Alfred Hitchcock. ARD/WDR, 10. August 2009. Regie: Michael Strauven. (Dokumentation zum 110. Geburtstag)

Hitchcock – Der Schatten eines Genies. Arte/BR, 29. Dezember 2009. Regie: Ted Haimes. (Dokumentarfilm über die US-Filme)

Internet-Adressen zu Alfred Hitchcock

www.imdb.de/name/nm0000033/
Eintrag in Internet Movie Database.
www.hitchcock.tv
Umfangreiche englischsprachige Seite.
www.archive.sensesofcinema.com/contents/directors/05/hitchcock.html
Englischsprachige Archivseite.

Filmographie

Die Jahre von Produktion und Uraufführung müssen nicht immer über-
einstimmen, daher orientieren sich die Angaben einheitlich am Jahr
der jeweiligen Uraufführung. Aufgeführt sind alle Filme, bei denen
Alfred Hitchcock Regie geführt hat.

Stummfilme
1922
Number Thirteen
Buch: NN. – Kamera: Rosenthal. (unvollendet)
1927
The Pleasure Garden (Irrgarten der Leidenschaft)
Buch: Eliot Stannard; nach einem Roman von Oliver Sandys. – Kame-
ra: Baron Giovanni Ventimiglia. – Länge: 74 Min.
The Mountain Eagle (Der Bergadler)
Buch: Eliot Stannard. – Kamera: Baron Giovanni Ventimiglia. – Länge:
72 Min. (verschollen)
The Lodger: A Story of the London Fog (Der Mieter)
Buch: Eliot Stannard; nach dem gleichnamigen Roman von Marie Bel-
loc Lowndes. – Kamera: Hal Young, Baron Giovanni Ventimiglia. –
Länge: 85 Min.
Downhill
Buch: Eliot Stannard; nach einem Theaterstück von Ivor Novello und
Constance Collier. – Kamera: Claude McDonnell. – Länge: 80 Min.
Easy Virtue
Buch: Eliot Stannard; nach einem Theaterstück von Noël Coward. –
Kamera: Claude McDonnell. – Länge: 73 Min.
The Ring (Der Weltmeister)
Buch: Alfred Hitchcock und Alma Reville. – Kamera: John J. Cox. –
Länge: 116 Min.
1928
The Farmer's Wife
Buch: Alfred Hitchcock; nach einem Theaterstück von Eden Phill-
potts. – Kamera: John J. Cox. – Länge: 67 Min.
Champagne
Buch: Eliot Stannard; nach einer Geschichte von Walter C. Mycroft;
adaptiert von Alfred Hitchcock. – Kamera: John J. Cox. – Länge: 104 Min.
1929
The Manxman

Buch: Eliot Stannard; nach einem Roman von Hall Caine. – Kamera: John J. Cox. – Länge: 106 Min.

Tonfilme

1929

Blackmail (Erpressung)

Buch: Alfred Hitchcock; nach einem Theaterstück von Charles Bennett. – Kamera: John J. Cox. – Musik: Campbell und Connelly. – Länge: 86 Min. (von dem Film entstanden zwei Fassungen, eine stumme und eine mit Ton)

1930

Elstree Calling

Buch: Adrian Brunel, Val Valentine und Walter C. Mycroft. – Kamera: Claude Friese-Greene. – Musik: Reg Casson, Vivian Ellis, Chick Endor. – Länge: 86 Min. (Gruppenfilm)

Juno and the Paycock

Buch: Alfred Hitchcock und Alma Reville; nach dem gleichnamigen Theaterstück von Sean O'Casey. – Kamera: John J. Cox. – Länge: 85 Min.

Murder! (Mord – Sir John greift ein)

Buch: Alma Reville; nach dem Roman und Theaterstück *Enter Sir John* von Clemence Dane und Helen Simpson; bearbeitet von Alfred Hitchcock und Walter C. Mycroft. – Kamera: John J. Cox. – Musik: John Reynders. – Länge: 92 Min.

1931

The Skin Game (Bis auf's Messer)

Buch: Alfred Hitchcock und Alma Reville; nach einem Theaterstück von John Galsworthy. – Kamera: John J. Cox. – Länge: 85 Min.

1932

Rich and Strange (Endlich sind wir reich)

Buch: Alma Reville; nach einer Idee von Dale Collins; bearbeitet von Alfred Hitchcock. – Kamera: John J. Cox, Charles Martin. – Musik: Hal Dolphe. – Länge: 83 Min.

Number Seventeen (Nummer Siebzehn)

Buch: Alma Reville, Alfred Hitchcock und Rodney Ackland; nach einem Roman und Theaterstück von J. Jefferson Farjeon. – Kamera: John J. Cox, Brian Langley. – Musik: A. Hallis. – Länge: 63 Min.

1933

Waltzes from Vienna

Buch: Guy Bolton und Alma Reville; nach einem Theaterstück von Guy Bolton; basierend auf dem Stück *Walzerkrieg* von Heinz Reichert,

A.M. Willmer und Ernst Marischka. – Kamera: Glen McWilliams. – Musik: Johann Strauß. – Länge: 80 Min.

1934

The Man Who Knew too Much (Der Mann, der zuviel wußte)

Buch: Edwin Greenwood und A.R. Rawlinson; nach einer Geschichte von Charles Bennett und D.B. Wyndham Lewis; bearbeitet von Emlyn Williams. – Kamera: Curt Courant. – Musik: Arthur Benjamin. – Länge: 74 Min.

1935

The Thirty-nine Steps (Die 39 Stufen)

Buch: Charles Bennett; nach dem gleichnamigen Roman von John Buchan; bearbeitet von Alma Reville und Ian Hay. – Kamera: Bernard Knowles. – Musik: Louis Levy. – Länge: 87 Min.

1936

Secret Agent (Geheimagent)

Buch: Charles Bennett; nach dem Theaterstück von Campbell Dixon und den Ashenden-Geschichten von Somerset Maugham; bearbeitet von Ian Hay, Jesse Lasky Jr. und Alma Reville. – Kamera: Bernard Knowles. – Musik: Louis Levy. – Länge: 83 Min.

Sabotage

Buch: Charles Bennett; nach dem Roman *The Secret Agent* von Joseph Conrad; bearbeitet von Alma Reville, Ian Hay, Helen Simpson und E.V.H. Emmett. – Kamera: Bernard Knowles. – Musik: Louis Levy. – Länge: 77 Min.

1938

Young and Innocent (Jung und Unschuldig)

Buch: Charles Bennett, Edwin Greenwood und Anthony Armstrong; nach dem Roman *A Shilling for Candles* von Josephine Tey, bearbeitet von Alma Reville und Gerald Savory. – Kamera: Bernard Knowles. – Musik: Louis Levy. – Länge: 84 Min.

The Lady Vanishes (Eine Dame verschwindet)

Buch: Sidney Gilliat und Frank Launder; nach dem Roman *The Wheel Spins* von Ethel Lina White; bearbeitet von Alma Reville. – Kamera: John J. Cox. – Musik: Louis Levy. – Länge: 97 Min.

1939

Jamaica Inn (Riff-Piraten)

Buch: Sidney Gilliat und Joan Harrison; nach dem gleichnamigen Roman von Daphne du Maurier; bearbeitet von Alma Reville und J.B. Priestley. – Kamera: Harry Stradling, Bernard Knowles. – Musik: Eric Fenby. – Länge: 108 Min.

1940

Rebecca (Rebekka)

Buch: Robert E. Sherwood und Joan Harrison; nach dem gleichnamigen Roman von Daphne du Maurier; bearbeitet von Philip MacDonald
und Michael Hogan. – Kamera: George Barnes. – Musik: Franz Waxman. – Länge: 130 Min.

Foreign Correspondent (Mord)

Buch: Charles Bennett und Joan Harrison; bearbeitet von James Hilton und Robert Benchley. – Kamera: Rudolph Mate. – Musik: Alfred
Newman. – Länge: 120 Min.

1941

Mr. and Mrs. Smith (Mr. und Mrs. Smith)

Buch: Norman Krasna. – Kamera: Harry Stradling. – Musik: Edward
Ward. – Länge: 95 Min.

Suspicion (Verdacht)

Buch: Samson Raphaelson, Joan Harrison und Alma Reville; nach
dem Roman *Before the Fact* von Francis Iles. – Kamera: Harry Stradling. – Musik: Franz Waxman. – Länge: 99 Min.

1942

Saboteur (Saboteure)

Buch: Peter Viertel, Joan Harrison und Dorothy Parker; nach einer
Idee von Alfred Hitchcock. – Kamera: Joseph Valentine. – Musik:
Frank Skinner. – Länge: 109 Min.

1943

Shadow of a Doubt (Im Schatten des Zweifels)

Buch: Thornton Wilder, Sally Benson und Alma Reville; nach einer
Geschichte von Gordon McDonnell. – Kamera: Joseph Valentine. –
Musik: Dimitri Tiomkin. – Länge: 108 Min.

1944

Lifeboat (Das Rettungsboot)

Buch: Jo Swerling; nach einer Originalgeschichte von John Steinbeck.
– Kamera: Glen MacWilliams. – Musik: Hugo W. Friedhofer. – Länge:
96 Min.

Bon Voyage

Buch: J. O. C. Orton und Angus MacPhail; nach einer Idee von Arthur
Calder-Marshall. – Kamera: Gunther Krampf. – Länge: 26 Min. (Kurzfilm)

Aventure Malgache

Buch: Angus MacPhail. – Kamera: Gunther Krampf. – Länge: 31 Min.
(Kurzfilm)

1945
Spellbound (Ich kämpfe um dich)
Buch: Ben Hecht; nach dem Roman *The House of Dr. Edwardes* von Francis Beeding; bearbeitet von Angus MacPhail. – Kamera: George Barnes. – Musik: Miklós Rózsa. – Länge: 111 Min.

1946
Notorious (Berüchtigt / Weißes Gift)
Buch: Ben Hecht; nach einer Idee von Alfred Hitchcock. – Kamera: Ted Tetzlaff. – Musik: Roy Webb. – Länge: 102 Min.

1947
The Paradine Case (Der Fall Paradin)
Buch: David O. Selznick; nach einem Roman von Robert Hichens; bearbeitet von Alma Reville. – Kamera: Lee Garnes. – Musik: Franz Waxman. – Länge: 110 Min.

1948
Rope (Cocktail für eine Leiche)
Buch: Arthur Laurents; nach einem Theaterstück von Patrick Hamilton; bearbeitet von Hume Cronyn. – Kamera: Joseph Valentine, William V. Skall. – Musik: Francis Poulenc, Leo F. Forbstein. – Länge: 81 Min.

1949
Under Capricorn (Sklavin des Herzens)
Buch: James Bridie; nach dem Theaterstück von John Colton und Margaret Linden sowie nach einem Roman von Helen Simpson. – Kamera: Jack Cardiff. – Musik: Richard Addinsell. – Länge: 116 Min.

1950
Stage Fright (Die rote Lola)
Buch: Whitfield Cook; nach den Geschichten *Man Running* und *Outrun the Constable* von Selwyn Jepson; bearbeitet von Alma Reville und James Bridie. – Kamera: Wilkie Cooper. – Musik: Leighton Lucas. – Länge: 110 Min.

1951
Strangers on a Train (Verschwörung im Nordexpreß / Der Fremde im Zug)
Buch: Raymond Chandler, Czenzi Ormonde und Whitfield Cook; nach dem gleichnamigen Roman von Patricia Highsmith. – Kamera: Robert Burks. – Musik: Dimitri Tiomkin. – Länge: 101 Min.

1953
I Confess (Ich beichte / Zum Schweigen verurteilt)
Buch: George Tabori und William Archibald nach dem Theaterstück

Nos deux consciences von Paul Anthelme. – Kamera: Robert Burks.
– Musik: Dimitri Tiomkin. – Länge: 95 Min.

1954

Dial M for Murder (Bei Anruf Mord)
Buch: Frederick Knott; nach seinem eigenen Theaterstück. – Kamera: Robert Burks. – Musik: Dimitri Tiomkin. – Länge: 105 Min.

Rear Window (Das Fenster zum Hof)
Buch: John Michael Hayes; nach der gleichnamigen Kurzgeschichte von Cornell Woolrich. – Kamera: Robert Burks. – Musik: Franz Waxman. – Länge: 112 Min.

1955

To Catch a Thief (Über den Dächern von Nizza)
Buch: John Michael Hayes; nach einem Roman von David Dodge. – Kamera: Robert Burks. – Musik: Lyn Murray. – Länge: 107 Min.

The Trouble with Harry (Immer Ärger mit Harry)
Buch: John Michael Hayes; nach einem Roman von John Trevor Story. – Kamera: Robert Burks. – Musik: Bernard Herrmann. – Länge: 99 Min.

1956

The Man Who Knew Too Much (Der Mann, der zuviel wußte)
Buch: John Michael Hayes und Angus MacPhail; nach einer Geschichte von Charles Bennett und D. B. Wyndham Lewis. – Kamera: Robert Burks. – Musik: Bernard Herrmann. – Lieder: *Whatever Will Be* und *We'll Love Again* von Jay Livingston und Ray Evans. – Länge: 119 Min.

The Wrong Man (Der falsche Mann)
Buch: Maxwell Anderson und Angus MacPhail; nach der Geschichte *The True Story of Christopher Emmanuel Balestrero* von Maxwell Anderson. – Kamera: Robert Burks. – Musik: Bernard Herrmann. – Länge: 107 Min.

1958

Vertigo (Aus dem Reich der Toten)
Buch: Alec Coppel und Samuel Taylor; nach dem Roman *D'entre les morts* von Pierre Boileau und Thomas Narcejac. – Kamera: Robert Burks. – Musik: Bernard Herrmann. – Länge: 128 Min.

1959

North by Northwest (Der unsichtbare Dritte)
Buch: Ernest Lehman. – Kamera: Robert Burks. – Musik: Bernard Herrmann. – Länge: 136 Min.

1960
Psycho
Buch: Joseph Stefano; nach dem gleichnam gen Roman von Robert Bloch. – Kamera: John L. Russell. – Musik: Bernard Herrmann. – Länge: 109 Min.

1963
The Birds (Die Vögel)
Buch: Evan Hunter; nach der gleichnamigen Kurzgeschichte von Daphne du Maurier. – Kamera: Robert Burks. – Musik / Elektronischer Soundtrack: Remi Gassmann, Oskar Sala. – Länge: 120 Min.

1964
Marnie
Buch: Jay Presson Allen; nach dem gleichnamigen Roman von Winston Graham. – Kamera: Robert Burks. – Musik: Bernard Herrmann. – Länge: 130 Min.

1966
Torn Curtain (Der zerrissene Vorhang)
Buch: Brian Moore. – Kamera: John F. Warren. – Musik: John Addison. – Länge: 128 Min.

1969
Topaz (Topas)
Buch: Samuel Taylor; nach dem gleichnamigen Roman von Leon Uris. – Kamera: Jack Hildyard. – Musik: Maurice Jarre. – Länge: 125 Min.

1972
Frenzy
Buch: Anthony Shaffer; nach dem Roman *Goodbye Piccadilly, Farewell Leicester Square* von Arthur La Bern. – Kamera: Gil Taylor. – Musik: Ron Goodwin. – Länge: 116 Min.

1976
Family Plot (Familiengrab)
Buch: Ernest Lehman; nach dem Roman *The Rainbird Pattern* von Victor Canning. – Kamera: Leonard South. – Musik: John Williams. – Länge: 120 Min.

Werkregister

Wenn nicht anders gekennzeichnet, handelt es sich um Spielfilme, die unter der Regie oder der Beteiligung Alfred Hitchcocks entstanden sind.